Españoles en guerra

La guerra civil en 39 episodios

Carlos Gil Andrés

ESPAÑOLES EN GUERRA

La guerra civil en 39 episodios

Ariel

Primera edición: abril de 2014

© Carlos Gil Andrés, 2014
Derechos exclusivos de la edición en español reservados para todo el mundo:
© 2014: Editorial Planeta, S. A.
Avda. Diagonal, 662-664 - 08034 Barcelona
www.ariel.es
www.espacioculturalyacademico.com

Editorial Ariel es un sello editorial de Planeta, S. A.

ISBN: 978-84-344-1742-7

Realización: Ātona, S. L.

Depósito legal: B. 5.001-2014
Impreso en España por Huertas Industrias Gráficas

El papel utilizado para la impresión de este libro
es cien por cien libre de cloro
y está calificado como **papel ecológico**.

Para Cristina, Lucía y Marina,
el guardián de sus sueños

Contenidos

Introducción

Vivimos y morimos muertes y vidas de otros

JOSÉ HIERRO

En enero de 1939 se imprimió en Barcelona *Los españoles en guerra*, un libro que incluía los cuatro discursos oficiales pronunciados por Manuel Azaña durante la guerra civil acompañados de un prólogo de Antonio Machado. La obra no llegó a distribuirse. Barcelona cayó en poder de los sublevados y las autoridades franquistas ordenaron la destrucción de la edición. Machado y Azaña corrieron una suerte parecida. Los dos tuvieron que cruzar la frontera de los Pirineos para buscar refugio en Francia y los dos encontraron allí una muerte temprana. El primero en febrero de 1939, en Colliure, a las pocas semanas de iniciar su exilio. El segundo en Montauban, apenas un año después, en noviembre de 1940. Podríamos decir, de alguna manera, que los dos murieron fuera de España a causa de España, del dolor y el sufrimiento provocados por la guerra.

En el prólogo del libro, Machado afirmaba que la voz de Azaña sonaba en sus discursos no solo para los «españoles en guerra», sin distinción de idearios ni banderas, sino también para las generaciones venideras, y que la voz del presidente de la República hablaba «para la historia». También los comentarios de Machado, leídos hoy, parecen escritos para la historia. O al menos para los historiadores. El poeta sostenía que la guerra de España era un «fenómeno histórico» que daría mucho que meditar a los «reflexivos del porvenir». A su juicio, los estudiosos del futuro podrían analizar de una manera más objetiva lo ocurrido cuando los hechos ya estuvieran «cuajados de pretérito», cuando los acontecimientos mostraran un «perfil definido», cuando el conflicto español pudiera compararse con otras «cristalizaciones de lo pasado» y con nuevos casos «que irán saliendo en el transcurso del tiempo». Pero esos juicios del futuro, advertía Machado, no serían tampoco definitivos, porque la historia «no puede contenerse en silogismos cerrados. Si hay una lógica de la historia, ella es de tal índole que sus premisas evolucionan a la par que sus conclusiones, porque las perspectivas del tiempo las van constantemente enriqueciendo y modificando».

La perspectiva del tiempo, el contexto histórico, el estudio comparado y la revisión crítica. Las bases del trabajo del historiador. Hoy sabemos mucho más sobre la guerra que los contemporáneos del conflicto, condicionados por la información limitada que tenían a su alcance y por circunstancias que los sobrepasaban. Sabemos que la guerra civil no fue un hecho excepcional, que la contienda bélica que estalló en el verano de 1936 no se explica por el carácter violento e irracional de los españoles ni por el odio cainita de dos Españas condenadas a enfrentarse. En el período de crisis de la Europa de entreguerras ya se habían producido guerras civiles en Finlandia, Irlanda y Rusia. Y después de la española, en el escenario de la segunda guerra mundial, hubo guerras civiles al menos en Yugoslavia, Italia, Francia y Grecia. Todas las guerras civiles se definen por la fragmentación del poder, por la existencia de dos facciones armadas dentro de un Estado que se enfrentan entre sí y compiten para implicar y controlar a la población civil. Casi todas se caracterizan por la violencia extrema de unos contendientes que saben que lo está en juego no es la conquista del territorio, sino su supervivencia.

La guerra de 1936 al final fue la guerra de 1939. Nadie lo imaginaba cuando empezó. Los militares sublevados y sus apoyos civiles porque pensaban en un rápido paseo hasta Madrid. Los defensores de la causa republicana porque creían o bien que la rebelión sería sofocada o bien, los más pesimistas, que la República no aguantaría una guerra larga. Pero las guerras casi nunca acaban según los planes diseñados de antemano. La guerra duró casi tres años, treinta y tres meses interminables. Y en eso tuvo mucho que ver el contexto internacional, la intervención de las potencias europeas, y también la capacidad de los contendientes para movilizar todos los recursos humanos y materiales en el conflicto para enfrentarse en una guerra total.

La rebelión militar supuso una cesura radical en la sociedad española. La violencia no partió de la nada, por supuesto, pero su carácter extremo, casi desde el primer disparo, inauguró un escenario completamente diferente. Como escribió en sus memorias Fernando Fernán Gómez, «en aquellos pocos días se había producido un gran cambio según el cual morir seguía siendo tan terrible como siempre, pero matar carecía de importancia». El fracaso parcial del golpe de Estado provocó la guerra y desencadenó una violencia masiva y absoluta sin precedentes. El adversario se convirtió en un enemigo deshumanizado. Una violencia espoleada por la existencia de varias fracturas sociales, de varios conflictos cruzados. La guerra civil fue una lucha de clases sociales, de ideologías enfrentadas, de identidades comunitarias, de sentimientos nacionales y de creencias religiosas. Cuando el orden legal se derrumbó los conflictos preexistentes resquebrajaron el país y multiplicaron una espiral sangrienta que sepultó las convenciones sociales y los principios de la convivencia pacífica. Las guerras civiles suelen terminar con la victoria total de uno de los contendientes, con la rendición sin condiciones de los perdedores, su eliminación o su expulsión. La negociación es más fácil cuando ni los insurgentes ni las fuerzas gubernamentales son capaces de obtener un triunfo definitivo y cuando existe un apoyo internacional para lograr la pacificación. Nada de eso ocurrió en España. Los sublevados consiguieron una victoria militar aplastante gracias a la superioridad abrumadora de su ejército, el apoyo decidido de las potencias fascistas, la disciplina autoritaria impuesta en su retaguardia y una mayor capacidad para obtener los recursos humanos y materiales que sostenían el esfuerzo bélico.

Después de 1939 hubo 39 años de dominio absoluto del vencedor, el general Franco, si se cuentan desde su proclamación como jefe de Estado en Burgos. Una dictadura que parecía eterna. Pero nada es eterno en la historia. Y ya han pasado otros 39 años desde la muerte del dictador, 75 desde el último parte de guerra. Miles de libros desde entonces. El que aquí presentamos intenta ofrecer a un público no especializado, de una manera accesible y atractiva, algunas de las cuestiones fundamentales de la guerra civil. Las causas y los factores, las batallas y las decisiones políticas, las siglas y los nombres propios, los datos generales y el rostro humano de los protagonistas.

En el prólogo a *Los españoles en guerra* Antonio Machado advertía a los estudiosos del futuro que sería «imposible revivir lo pasado», que no sería fácil juzgar el «gran incendio» de la guerra española «por el mero análisis de las cenizas». Ese es trabajo del historiador. Reconstruir los hechos a partir de sus restos fragmentarios, interpretar y comprender los problemas y fenómenos históricos en el contexto en el que ocurrieron, sin renunciar a su complejidad. Entre las cenizas de la guerra ya no hay ascuas encendidas. Pero los historiadores tenemos la obligación de contar a cada generación lo que fue aquel incendio. Con honradez, con rigor crítico y también con sensibilidad. Y con un claro compromiso con los valores de la democracia y los derechos humanos. La historia no se repite, pero su enseñanza nos proporciona un aprendizaje moral. Que la llama de la violencia y el fuego de la guerra sean un pasado para siempre pasado.

CARLOS GIL ANDRÉS
Logroño, febrero de 2014

La primavera de 1936

La última etapa política de la Segunda República fue muy breve, apenas cinco meses, los que transcurrieron entre febrero y julio de 1936, entre el triunfo electoral del Frente Popular y la sublevación militar que desencadenó la guerra civil. Un período tan corto como intenso, complejo y conflictivo. La historiografía más seria ha desmontado el tópico de la «primavera trágica», la imagen del caos, la anarquía y la violencia descontrolada.

CRONOLOGÍA

7 DE ENERO DE 1936	16 DE FEBRERO	19 DE FEBRERO
Alcalá-Zamora firma el decreto de disolución de las Cortes.	Elecciones generales. Triunfo del Frente Popular.	Nuevo Gobierno presidido por Manuel Azaña.

El 20 de febrero de 1936 Manuel Azaña presidió el primer consejo de ministros del nuevo Gobierno. Esa noche anotó en su diario su preocupación por los alborotos registrados en Andalucía y Levante, la sublevación de presos en una cárcel de Valencia y el incendio de una iglesia en Alicante: «Esto me fastidia. La irritación de las gentes va a desfogarse en iglesias y conventos, y resulta que el gobierno republicano nace, como en el 31, con chamusquinas. El resultado es deplorable. Parecen pagados por nuestros enemigos». La oleada de conflictos sociales y choques violentos de los meses siguientes condicionó, sin duda, la evolución política del régimen republicano. ¿La violencia política fue una antesala de la tragedia? ¿Un callejón sin salida hacia el conflicto bélico? ¿La guerra civil fue inevitable? Eso afirmaba la propaganda franquista. Un argumento para legitimar el golpe de Estado.

La experiencia de la Segunda República. El 14 de abril de 1931 la proclamación de la República llegó acompañada de un entusiasmo multitudinario. Los colores de la bandera republicana representaban el anhelo popular de una profunda transformación social y política. Así se recogía en la Constitución aprobada unos meses más tarde. España era «una República democrática de trabajadores de toda clase», basada en los principios de «libertad y justicia», con una amplia declaración de derechos civiles, políticos —incluido el voto de las mujeres— y sociales.

En los dos años siguientes la coalición gubernamental republicano-socialista dirigida por Manuel Azaña puso en marcha un ambicioso plan de reformas democráticas y sociales que pretendía abordar los problemas históricos del país: la mejora las condiciones de vida de los trabajadores, el acceso a la tierra de los campesinos, el impulso de la educación pública, la reorganización del Ejército y la separación

21 DE FEBRERO	14 DE MARZO	20 DE MARZO
Amnistía de presos políticos.	Detención y encarcelamiento de dirigentes falangistas.	Decreto que pone en marcha la Reforma Agraria.

> **«España se convirtió en un teatro de violencias y atropellos, abocado fatalmente a la guerra civil.»**
>
> **José María Gil Robles,**
> *No fue posible la paz,* 1968.

de la Iglesia y el Estado. Demasiados conflictos heredados y demasiados obstáculos. Algunos externos, como los efectos negativos de la crisis económica internacional y el declive de las democracias europeas de entreguerras. Y otros internos, como la hostilidad de sectores dirigentes tradicionales y la jerarquía eclesiástica y militar o la vía revolucionaria emprendida por la CNT.

En las elecciones de noviembre de 1933 el desgaste del Gobierno y la división entre socialistas y republicanos favorecieron la victoria del Partido Radical de Alejandro Lerroux y de la CEDA de José María Gil Robles, capaz de movilizar a las masas católicas y los pequeños propietarios. El segundo bienio republicano se caracterizó por una gran inestabilidad política, con sucesivos gobiernos cada vez más orientados hacia la derecha. En octubre de 1934, la entrada de la CEDA en el gobierno fue la señal anunciada por los socialistas para convocar una huelga general revolucionaria que obtuvo un seguimiento desigual y dejó un saldo de más de un millar de muertos. Los gobiernos posteriores emprendieron una política represiva de las organizaciones de izquierdas y paralizaron el programa reformista republicano.

En diciembre de 1935 el presidente de la República, Niceto Alcalá Zamora, decidió la disolución de las Cortes. Comenzó una intensa y reñida campaña electoral que culminó el 16 de febrero de 1936 con el triunfo electoral del Frente Popular, una amplia coalición formada por los republicanos de izquierda, el PSOE y el PCE.

El período del Frente Popular. La última etapa de la República no estuvo dominada por el extremismo político, como muchas veces se

25 DE MARZO	26 DE ABRIL	1 DE MAYO
Ocupación y roturación masiva de fincas en Badajoz.	Elección de compromisarios para nombrar presidente de la República.	Manifestaciones obreras. Congreso Extraordinario de la CNT en Zaragoza.

ha dicho, sino por la fragmentación y la debilidad institucional. Manuel Azaña recibió el poder en una situación muy comprometida, sin esperar a los plazos previstos por la ley, en medio de un escenario político y social muy inestable y conflictivo. Entre la presión popular de la calle y las voces que pedían la declaración del estado de guerra. Sus primeras medidas fueron la concesión de una amnistía que legalizara la liberación de los presos de octubre de 1934, que debían ser indemnizados y readmitidos en sus trabajos, la reanudación del Estatuto de Cataluña y la excarcelación de Companys, el presidente de la Generalitat.

El Gobierno de Azaña estaba formado solo por republicanos, igual que el de Santiago Casares Quiroga, cuando fue elegido presidente de la República. Y aunque la convivencia democrática no era fácil, con actitudes de intransigencia y exclusión, lo cierto es que el objetivo del programa político republicano, con un carácter claramente moderado, era retomar el reformismo del bienio 1931-1933. Volver a recorrer lo desandado y profundizar en el desarrollo de la legislación laboral, con el problema candente del paro obrero, y en la puesta en marcha de la reforma agraria.

Una oportunidad política que fue aprovechada por las organizaciones obreras para emprender una amplísima movilización reivindicativa que aceleró las reformas gubernativas y muchas veces las desbordó. En las ciudades se multiplicaron las huelgas y manifestaciones en demanda de nuevas bases de trabajo, salarios más altos y jornadas más cortas. En el campo las huelgas plantearon las condiciones de las labores de la cosecha y tuvieron un gran eco las invasiones, ocupacio-

> **«La República es (...) un régimen de libertad democrática, impulsado por motivos de interés público y progreso social.»**
>
> **Programa electoral del Frente Popular,** Madrid, 16 de enero de 1936.

---

10 DE MAYO

Azaña presidente de la República.

13 DE MAYO

Gobierno republicano de Casares Quiroga.

29 DE MAYO

Matanza de campesinos en Yeste, Albacete.

nes y roturaciones de tierras protagonizadas por jornaleros y yunteros. Pero la conflictividad social no era algo nuevo, no se diferenciaba demasiado de la producida en el período 1931-1933 y tampoco era un fenómeno generalizado en toda España. Las protestas sociales no respondían a un plan coordinado y dirigido, y mucho menos a una movilización de carácter insurreccional socialista, anarquista o comunista. No existía una amenaza revolucionaria en ciernes.

La violencia política. La gravedad de la violencia política y social registrada entre febrero y julio de 1936 no puede negarse. Abundaron las acciones anticlericales, las coacciones, los enfrentamientos armados y los atentados entre grupos de izquierda y de derecha, alentados muchas veces por la retórica agresiva de los dirigentes y la propaganda de uno y otro signo. Los estudios más serios han contabilizado más de doscientos conflictos sangrientos con al menos 350 víctimas mortales.

Pero las cifras globales de la violencia esconden una realidad más diversa, menos catastrofista y nada revolucionaria. La mayoría de las protestas tuvieron un carácter pacífico. Y si analizamos los ejecutores de la violencia, nos encontramos con que casi la mitad de las muertes fueron causadas por las propias fuerzas del orden público. Los asesinatos cometidos por militantes de izquierdas fueron algo más del 20 %, un porcentaje parecido a los imputables a los activistas de derechas, con un papel muy destacado de los falangistas. Si miramos la identidad política de las víctimas, más de la mitad eran trabajadores afiliados o vinculados a las organizaciones de izquierdas. Además, la violencia tuvo un carácter localista, y la mayoría de los enfrentamientos armados se produjeron entre grupos pequeños, sin coordinación. Los atentados y las represalias sangrientas que tuvieron lugar en las grandes ciudades, sobre todo en Madrid, fueron sobredimensionados en la prensa nacional y en los discursos de las Cortes.

El miedo al desorden revolucionario existía, fomentado por los medios de comunicación y las organizaciones conservadoras, y fue percibido como tal por una parte importante de la población. Pero lo que estaba en marcha no era un plan revolucionario, sino una cons-

11 DE JUNIO	12 DE JULIO	13 DE JULIO
Enfrentamientos de sindicalistas y socialistas en Málaga.	Asesinato del teniente de la Guardia de Asalto José Castillo.	Asesinato de José Calvo Sotelo.

piración contrarrevolucionaria urdida antes de que empezaran los episodios violentos. Un golpe militar que provocó la guerra, un escenario radicalmente diferente que no era ni la continuación ni la consecuencia inevitable de la República.

LA DEMOCRACIA REPUBLICANA

¿Fue la Segunda República una auténtica democracia? Algunos políticos, escritores e historiadores niegan el carácter democrático de la Segunda República Española. Lo hacen a partir del concepto de democracia actual sin tener en cuenta que la cultura política de los españoles que vivieron hace 80 años no era la misma que la nuestra. Un anacronismo que no tiene en cuenta el carácter extremadamente frágil y problemático de todos los procesos de democratización vividos en la Europa de entreguerras, la época de la Gran Depresión económica, la del triunfo de los totalitarismos y las dictaduras autoritarias.

El proceso democrático abierto en 1931, con todos sus problemas, límites y carencias, ofreció un marco legal de derechos civiles, políticos y sociales sin precedentes en la historia de España. La Segunda República española fue un régimen conflictivo poblado de luces y de sombras, pero su destrucción fue una derrota para la causa de la democracia.

La idea en síntesis: la guerra no fue una tragedia inevitable provocada por el fracaso de la República.

La conspiración militar

Las armas contra las urnas. En febrero de 1936 algunos generales africanistas comenzaron a urdir la trama del golpe de Estado. A sus espaldas tenían una larga tradición militarista y pretoriana. A su alrededor, en las salas de banderas, muchos oficiales inquietos, decididos a secundar una sublevación para terminar con la República. Fuera de los cuarteles, por último, esperaban los apoyos sociales necesarios para que al movimiento contrarrevolucionario no le faltaran ni hombres ni dinero.

CRONOLOGÍA

17 DE FEBRERO DE 1936	8 DE MARZO	14 DE MARZO
Goded y Franco tantean la declaración del estado de guerra.	Formación en Madrid de una Junta de Generales golpistas.	Encarcelamiento de José Antonio Primo de Rivera.

«Las circunstancias gravísimas por que atraviesa la
Nación, debido a un pacto electoral que ha tenido como consecuencia
inmediata que el Gobierno sea hecho prisionero de las organizaciones
revolucionarias, llevan fatalmente a España a una situación caótica,
que no existe otro medio de evitar que mediante la acción violenta.»
Son las primeras líneas de la instrucción reservada número 1 redactada por el general Emilio Mola, el «Director» de la conspiración militar, a finales del mes de abril de 1936. Todos los elementos «amantes
de la Patria» tenían «forzosamente que organizarse para la rebeldía».
El objetivo era asegurar «el orden, la paz y la justicia». El resultado no
fue la paz, sino una larga y cruenta guerra civil.

El intervencionismo militar. A lo largo de la historia contemporánea, el Ejército español mostró siempre muy poco respeto por la legalidad constitucional. Un claro rechazo a aceptar su subordinación
frente al poder civil y una especial predisposición a la amenaza del
uso de la fuerza o, directamente, a la sublevación violenta. Durante
la época de la Restauración (1875-1923) cesaron los pronuncia-
mientos militares, pero el Ejército conservó una clara autonomía
política y se convirtió en el garante del régimen, con un recurso
constante a la militarización del orden público. El *desastre* colonial
de 1898 y los reveses sufridos en la guerra de Marruecos aumentaron el desprestigio de la institución castrense y el rencor de la elite
militar hacia la clase política. La imposición de la Ley de Jurisdiccio-
nes, en 1906, o la creación de las Juntas de Defensa, en la crisis de
1917, testimoniaron la reaparición del intervencionismo militar. Un
proceso que culminó en septiembre de 1923 con el golpe de Estado
protagonizado por el general Primo de Rivera. La dictadura militar
puso fin a la legalidad del sistema parlamentario liberal y terminó

20 DE ABRIL	25 DE ABRIL	31 DE MAYO
Por falta de apoyos, se suspende el golpe previsto para ese día.	Primera instrucción reservada del general Mola.	Mola firma tres nuevas directivas.

«Aquel que no está con nosotros está contra nosotros, y como enemigo será tratado.»

Emilio Mola, Instrucción Reservada n.º 5, 20 de junio de 1936.

arrastrando en su caída a la monarquía de Alfonso XIII.

La Segunda República abordó la cuestión del militarismo como uno de los problemas pendientes de la sociedad española. Manuel Azaña emprendió una reforma militar que pretendía reducir y modernizar el Ejército y alejar a sus jefes de la política. Pero la mayoría de los cuadros de mando se mostraron muy pronto hostiles a un régimen republicano al que culpaban de la pérdida de su influencia social, sus privilegios corporativos y sus expectativas profesionales. Y también de la amenaza que para el orden y la unidad de España suponían el «separatismo» catalán y el «peligro bolchevique».

Los rumores sobre complots castrenses y tramas golpistas surgieron desde el primer momento. El primer paso al frente lo dio el general José Sanjurjo desde Sevilla, en agosto de 1932, al frente de una camarilla de militares monárquicos. El fracaso del golpe, después de algunos tiroteos y varias detenciones, no detuvo a los conspiradores. Se creó una organización clandestina, la Unión Militar Española (UME), con una extensa red de contactos que llegaba desde los estados mayores de Madrid hasta las guarniciones provinciales. En los círculos golpistas destacó el grupo de presión formado por los militares «africanistas», con experiencia de combate y unos valores compartidos basados en el nacionalismo extremo, la exaltación de la violencia y la creencia de que el Ejército era el guardián de la patria.

La trama militar del golpe. La primera reunión de la trama conspirativa que terminaría protagonizando el golpe de Estado tuvo lugar en Madrid, en el mes de enero de 1936, unas semanas antes de las elecciones generales. Los militares reunidos decidieron dar un golpe de Estado si triunfaba el Frente Popular, pero el general Goded, la cabeza más visible, desechó la idea por falta de apoyos y preparación. El 17

11 DE JUNIO	24 DE JUNIO	1 DE JULIO
Franco pide un avión para salir de Canarias.	Directiva para el Ejército de Marruecos.	Monárquicos españoles compran armas en Roma.

de febrero, ante la noticia del triunfo de las izquierdas, Goded y Franco tantearon la posibilidad de declarar el estado de guerra. El nuevo Gobierno de Azaña intentó desactivar la trama ordenando el alejamiento de Madrid de los generales que inspiraban menor confianza. Pero los traslados de Franco a Canarias, de Goded a Baleares o de Mola a Pamplona no lograron que los implicados desistieran de su propósito.

Los proyectos ideológicos de los conspiradores eran diversos: restaurar la monarquía de Alfonso XIII, proclamar al pretendiente carlista, imponer una dictadura militar o crear un Estado fascista. Pero todos compartían un objetivo común, cortar de raíz con el programa reformista republicano sancionado por la victoria electoral.

Después de varios encuentros más o menos improvisados, la reunión crucial tuvo lugar el 8 de marzo en Madrid, en el domicilio de un militante de la CEDA. Allí, con la presencia de Franco, a punto de partir a su nuevo destino, se acordó la formación de una Junta de Generales, encabezada por Sanjurjo, que se encontraba exiliado en Portugal, encargada de iniciar los preparativos de una sublevación militar. El 17 de abril la Junta de Generales decidió lanzar la rebelión tres días más tarde. Pero el golpe se aplazó por la falta de apoyos y, a partir de ese momento, fue Mola desde Pamplona quien asumió todo el protagonismo como «Director» de la conspiración.

El general Mola, con una gran libertad de movimientos, consiguió sumar a la trama a los generales Queipo de Llano y Cabanellas. Demostró una notable capacidad para movilizar a los contactos, recibir y transmitir instrucciones y cuidar hasta el último detalle. La red de

> **«Sería loco el militar que al frente de su destino no estuviera dispuesto a sublevarse en favor de España y en contra de la anarquía.»**
>
> **José Calvo Sotelo,** discurso en las Cortes, 16 de junio de 1936.

5 DE JULIO	14 DE JULIO	15 DE JULIO
Se alquila en el Reino Unido el avión *Dragon Rapide*.	El *Dragon Rapide* llega a Gran Canaria.	Acuerdo oficial de Mola con los carlistas.

la conspiración se extendió por toda España, con un apoyo decidido de los oficiales más jóvenes de la UME. En medio de un gran secreto, se organizaron juntas en todas las armas y cuerpos y los enlaces llegaron a todas las guarniciones y fuerzas de orden público. El plan de Mola se fue definiendo en una serie documentos que concretaban la organización, los objetivos, los métodos y los fines de la rebelión. La conquista de Madrid, donde era difícil que inicialmente triunfase el golpe, se conseguiría con las columnas enviadas desde las guarniciones periféricas.

En el mes de junio, ante las dudas sobre el apoyo de las unidades peninsulares, Mola ordenó que las tropas de Marruecos en vez de permanecer «pasivas» cruzaran el Estrecho y se encaminaran también hacia Madrid. Este cambio estratégico tuvo unas consecuencias decisivas. Le confirió un protagonismo no esperado a Franco, quien, cuando llegara el momento, debía trasladarse desde Canarias a Tetuán para ponerse al frente de las unidades del Protectorado. Así lo habían acordado Mola y Franco en el mes de marzo. En junio, Franco pidió un avión para salir de las islas pero en las semanas siguientes actuó con mucha cautela. No dio su consentimiento oficial hasta el día 15 de julio, cuando la cuenta atrás ya estaba en marcha. El asesinato de Calvo Sotelo en Madrid, producido el 13 de julio, pudo influir en algunos indecisos, pero no cambió ni aceleró los planes del golpe. El lugar fijado para el estallido inicial era Melilla, cualquier día posterior al 15 de julio. Al final llegó la consigna con el día y la hora señalados, el 17 a las 17.

LA TRAMA CIVIL

Los conspiradores militares tuvieron muy claro, desde el principio, la conveniencia de contar con una sólida colaboración civil. No faltó quien se prestó a ello. Lo hizo, por supuesto, Falange Española. En el mes de mayo Mola entró en contacto con José Antonio Primo de Rivera, detenido desde el 14 de marzo, que comprometió el concurso de sus milicias. Lo hicieron también los carlistas, con la fuerza armada de los requetés, aunque las negociaciones con la Comunión Tradicionalista no finalizaron oficialmente hasta el 15 de julio. Y hay pruebas abundantes de la colaboración de empresarios y financieros, como Juan March, y de militantes y dirigentes de otros grupos de derechas como Renovación Española, la CEDA o la Derecha Regional Valenciana, que aportaron hombres, contactos y recursos económicos. El apoyo de los monárquicos alfonsinos fue muy importante. Aseguraron la inhibición del Gobierno del Reino Unido y la colaboración armada de la Italia de Musolini y presentaron los conflictos sociales de la primavera de 1936 como el «estado de necesidad» que legitimaba una insurrección salvadora de España.

La idea en síntesis: la conspiración militar empezó antes de los conflictos de la primavera de 1936.

El golpe de Estado

«¡CAFÉ!, ¡CAFÉ!» («¡Camaradas!: ¡Arriba Falange Española!»). Los gritos de los oficiales más jóvenes e inquietos del Ejército del Norte de África, en los días previos al 17 de julio de 1936, presagiaban la tormenta de sangre y fuego que se avecinaba. El objetivo de los rebeldes, como en cualquier golpe de Estado, era la conquista rápida del poder. Se quedaron a medio camino, ni hacia adelante ni hacia atrás. La división de fuerzas y de poderes abrió el escenario de una guerra civil.

CRONOLOGÍA

16 DE JULIO DE 1936	17 DE JULIO	18 DE JULIO
Muerte «accidental» o asesinato del general Balmes en Gran Canaria.	Rebelión militar en Melilla y en las plazas del Protectorado de Marruecos.	Sublevación en Canarias. Inicio de la rebelión en la Península.

El viernes 17 de julio, a última hora de la tarde, comenzó a circular por Madrid el rumor de que el Ejército de Marruecos se había sublevado contra la República. En la mañana del día 18 el Gobierno afirmaba que se trataba de un «absurdo intento» circunscrito a algunas ciudades de la zona del Protectorado. A mediodía, otra nota oficial insistía en que el movimiento había quedado aislado y fracasaba. Pero a media tarde, en la reunión del Consejo de Ministros celebrada en el Ministerio de la Guerra, las noticias recibidas empezaban a descubrir la gravedad de lo que estaba ocurriendo. El socialista Juan Simeón Vidarte, que formó parte de la comisión del PSOE que acudió a visitar a Casares Quiroga, escribió en sus memorias la impresión que le causó la imagen del presidente del Gobierno: «Casares está derrumbado en su butaca. Con los ojos hundidos hasta parecer casi imperceptibles, nos mira fijamente, sin articular palabra. La mesa está llena de papeles en desorden y de teléfonos descolgados; sobre el suelo veo uno de ellos tirado y con el cable roto (...) ¿Qué quieren ustedes que les diga? Toda España está sublevada. Llamo a los cuarteles y nadie me responde». Toda España no. El Gobierno no conseguía sofocar la rebelión pero los golpistas tampoco conquistaban el poder. El anuncio de la guerra.

La rebelión militar. En la tarde del 17 de julio, como estaba previsto, los insurrectos se adueñaron de Melilla y proclamaron el estado de guerra. Todas las unidades del Protectorado de Marruecos, coordinadas por el teniente coronel Yagüe, secundaron el golpe y ocuparon las principales posiciones pasando por las armas a los militares leales a la República. El día 18 todo estaba preparado para la llegada de Franco, que había sublevado las islas Canarias y se disponía a embarcar en el *Dragon Rapide*. En la Península el general Queipo de Llano se adue-

19 DE JULIO	20 DE JULIO	21 DE JULIO
Gobierno de Diego Martínez Barrio. Franco al frente del Ejército de África.	Muere el general Sanjurjo. Fracasa la sublevación en Madrid y Barcelona.	Comité Central de Milicias Antifascistas de Barcelona.

> **«Ha desaparecido el Gobierno de esta república masónica y marxista (...) Son horas de esfuerzo, de sacrificio, de heroísmo y de trabajo... ¡Arriba España!»**
>
> Radio Castilla,
> Burgos, 19 de julio de 1936.

ñaba de Sevilla, sembrando el terror en sus calles, y Miguel Cabanellas controlaba Zaragoza, una plaza fuerte de la CNT. Desde el primer momento se cumplía la instrucción de Mola del 24 de junio: el movimiento tenía que ser «de una gran violencia. Las vacilaciones no conducen más que al fracaso».

En las guarniciones peninsulares donde triunfó el golpe se vivieron escenas similares. Después de sacar las tropas de los cuarteles para declarar el estado de guerra los sublevados neutralizaron a los gobernadores civiles, los mandos militares y los jefes de las fuerzas de orden público que no secundaban el movimiento. Luego armaron a los civiles derechistas presentados como voluntarios y comenzaron a realizar operaciones de limpieza política que tenían como objetivo imponer el terror y paralizar cualquier intento de resistencia de las organizaciones republicanas y los sindicatos obreros. En las áreas rurales y en las ciudades pequeñas, donde no había guarnición militar, fueron los guardias civiles los encargados de tomar posesión de los ayuntamientos y detener a las autoridades locales republicanas.

El 18 de julio por la noche, en medio de una gran confusión, Casares Quiroga presentó su dimisión. No tenía fuerzas para detener la rebelión y se negaba a la entrega de armas a las organizaciones obreras. Azaña encargó a Diego Martínez Barrio, presidente de las Cortes, la formación de un nuevo Gobierno que apenas duró unas horas. Martínez Barrio intentó sin éxito negociar con los rebeldes una solución de compromiso. Como le contestó Mola, «era tarde, muy tarde». A la

24 DE JULIO

Creación de la Junta de Defensa Nacional en Burgos.

25 DE JULIO

Hitler aprueba el envío de armas y aviones a los sublevados.

mañana siguiente se formó otro Gobierno republicano presidido por José Giral, que permitió la entrega de armas a la población civil.

El domingo 19 de julio Franco aterrizaba en Tetuán y se ponía al frente del Ejército de África. Mola dominaba Navarra y Álava. El golpe triunfaba también en todas las provincias castellanas, en Galicia, en muchas ciudades andaluzas y en las islas Baleares (salvo en Menorca). Pero en las grandes ciudades los rebeldes fracasaban. Valencia no se había sublevado. En Barcelona el general Goded, sitiado en la Capitanía General, se rendía. Al día siguiente se entregaba en Madrid el general Fanjul, aislado en el cuartel de la Montaña. En ambos casos había sido importante la participación de la población civil, el pueblo en armas, pero no decisiva. En cada ciudad, lo que inclinó hacia un lado u otro el resultado de la rebelión fue la actuación de las fuerzas policiales. Los insurrectos fracasaron en los lugares donde la Guardia Civil, la Guardia de Asalto o el cuerpo de Carabineros defendieron la legalidad constitucional.

> «No comprendía el desbarajuste de aquel domingo que amaneció intacto y acababa resquebrajado.»
>
> **Ramiro Pinilla,**
> *Julio del 36*, 1977.

El fracaso parcial del golpe. Lo cierto es que los acontecimientos no se desarrollaron según el plan trazado por Mola. Las columnas que desde Valladolid, Burgos, Pamplona y Zaragoza debían tomar la capital con rapidez no se ponían en marcha o quedaban detenidas en los puertos de la Sierra Norte de Madrid. El general Sanjurjo, que debía ponerse al frente de la sublevación, moría el 20 de julio en un accidente aéreo al intentar salir de Portugal. Solo se habían sublevado 4 de los 18 generales de división que integraban el escalafón más alto del Ejército. Los insurrectos controlaban treinta provincias pero en once el alzamiento había fracasado y en otras once no había existido. El

Gobierno conservaba en su poder dos de cada tres aviones militares, la mayor parte de los buques de guerra y los recursos humanos y económicos de las grandes ciudades y las zonas más industriales del país. Pero no disponía de un Ejército para derrotar a los rebeldes. El día 22 de julio milicianos y soldados luchaban en la sierra madrileña. Dos días más tarde salían desde Barcelona las primeras columnas con dirección a Zaragoza. En muchos lugares se producían enfrentamientos entre grupos armados pequeños y dispersos. Los golpistas no lograban su objetivo principal, la conquista del poder en unas horas o en unos días. Pero el Gobierno tampoco conseguía sofocar la rebelión y mantener su autoridad. El Ejército de Franco seguía detenido en el Norte de África. El día 25 Hitler accedía a enviar aviones de transporte para ayudarle a cruzar el Estrecho de Gibraltar. Empezaba la guerra.

CASARES QUIROGA

La figura de Santiago Casares Quiroga (1884-1950) ha quedado asociada al golpe de Estado fallido del 18 de julio de 1936, a las horas cruciales en las que, como presidente del Gobierno de la República, tenía la máxima responsabilidad. ¿Pudo haber cambiado el acontecimiento más importante de la historia del siglo xx español?

Casares Quiroga nació en La Coruña, en 1884, y desde muy joven, por tradición familiar, formó parte del republicanismo gallego. En 1929 fundó la Organización Republicana Gallega Autónoma (ORGA). Durante la República fue ministro de Marina del Gobierno Provisional, ministro de Gobernación entre diciembre de 1931 y septiembre de 1933 y ministro de Obras Públicas en el nuevo Gobierno de Azaña formado en febrero de 1936, después del triunfo electoral del Frente Popular. En el mes de mayo, cuando Azaña accedió a la presidencia de la República, Casares Quiroga fue designado como jefe del gabinete ministerial, puesto que ocupó hasta su polémica dimisión, la noche del 18 de julio.

Durante décadas, la actitud mostrada por Casares Quiroga ante la conspiración y la rebelión militar ha sido calificada de inconsciente, pasiva y temerosa. Lo cierto es que las medidas que adoptó para impedir el golpe de Estado fueron claramente insuficientes. Y que sus primeras decisiones, al conocer la gravedad de lo que estaba ocurriendo, resultaron poco eficaces. Pero hay que tener en cuenta la incertidumbre del momento, la falta de información y el control limitado que tenía sobre un Ejército en pie de guerra. La crítica histórica ha sido muy dura con su figura. Los sublevados también. Cuando murió en París, en 1950, su hija mayor y su nieta seguían retenidas en su domicilio de La Coruña. El precio con el que compraron su silencio.

La idea en síntesis: el éxito parcial o el semifracaso del golpe provocó la guerra.

La guerra de columnas

En los días siguientes al 17 de julio de 1936 los informes diplomáticos británicos calificaban lo ocurrido en España como una rebelión, como una revuelta contra el Gobierno e incluso como una revolución. A partir del 28 de julio empezaron a hablar de una guerra civil, la «Spanish Civil War». La sublevación militar se había convertido en un enfrentamiento bélico entre dos bandos, el conflicto nacional se transformaba en un escenario internacional.

CRONOLOGÍA

28 DE JULIO DE 1936	29 DE JULIO	30 DE JULIO
La Junta de Defensa Nacional decreta el estado de guerra general.	Aviones alemanes comienzan el transporte de tropas a la Península.	Primeros aviones italianos en Melilla.

«Considerada militarmente, la guerra civil española fue un auténtico desastre.» Para el historiador Gabriel Cardona se trató de una «inmensa chapuza». En el bando republicano por las discrepancias políticas y la ausencia de un verdadero ejército durante un año. En el bando franquista, con un ejército muy superior, debido a la ignorancia estratégica y al cálculo político de Franco, beneficiado por la duración del conflicto. Ambos bandos lucharon «como dos boxeadores ciegos metidos en un ring. Dando golpes terribles en el aire cuando no era necesario, asestando furiosos puñetazos contra las cuerdas y machacándose con saña si, por casualidad, encontraban el bulto». Puñetazos enloquecidos que, «cada vez que cayeron en carne, era carne de los españoles».

Recuento de fuerzas. En los primeros días de la guerra los dos bandos en disputa mostraban, sobre el papel, un notorio equilibrio de fuerzas que hacía imposible la victoria de uno sobre el otro. Los sublevados contaban con unos 140.000 hombres armados, incluidas las fuerzas de orden público, frente a los casi 120.000 que permanecían en el territorio leal a la República. Los jefes y oficiales se habían dividido casi por igual, algo más de nueve mil en el bando insurgente, una cifra ligeramente inferior en la zona republicana. Pero en las semanas posteriores al estallido del conflicto el equilibrio inicial, que había impedido el triunfo del golpe de Estado, derivó hacia una situación de clara inferioridad republicana.

El Gobierno republicano cometió el error de decretar la desmovilización de las unidades militares, una medida que no restó fuerzas a los sublevados y vació de soldados los cuarteles. Su territorio estaba dividido, el Estado se había derrumbado y no existían los medios y la determinación necesarias para reconstruir la estructura castrense.

7 DE AGOSTO	14 DE AGOSTO	27 DE AGOSTO
Conquista de Mérida por los rebeldes.	Las tropas de Yagüe toman Badajoz. Matanza en la plaza de toros.	Primeros bombardeos sobre Madrid.

> **«Claro que los fusilamos. ¿Qué se esperaba usted? ¿Cómo iba a llevarme conmigo a cuatro mil rojos, cuando mi columna avanzaba a contrarreloj?»**
>
> Declaraciones del teniente coronel Yagüe después de la masacre de Badajoz.

Los milicianos anarquistas y socialistas, carentes de entrenamiento y experiencia militar, estaban divididos en múltiples poderes locales y obedecían a sus partidos y sindicatos. Los mandos profesionales republicanos apenas contaban para organizar y dirigir las columnas con un 40 % de los oficiales que habían quedado en territorio gubernamental. Miles de ellos fueron represaliados o expulsados, muchos se pasaron al bando sublevado y otros quedaron relegados por la desconfianza que inspiraban.

En el campo insurgente la situación era bien diferente. Los dirigentes militares de la sublevación contaron pronto con un ejército cohesionado, bien organizado y disciplinado, desplegado por un territorio que pronto quedó unificado. Y con todos los recursos humanos y materiales puestos a su disposición. En pocas semanas los miles de voluntarios falangistas y carlistas sumados al alzamiento estaban encuadrados y mandados por militares profesionales. Además estaba el Ejército de África, 40.000 soldados bien armados y entrenados y más de mil jefes y oficiales, con un protagonismo destacado de los mercenarios de la Legión y las Fuerzas Regulares Indígenas. Y un apoyo internacional más temprano, más continuo y más eficaz que terminó proporcionando una superioridad casi arrolladora.

La ofensiva rebelde. Durante el verano los insurrectos consolidaron sus posiciones. En Andalucía, el general Varela fue ocupando los pueblos de la campiña sevillana y cordobesa y las columnas rebeldes conquistaron la provincia de Huelva y la parte occidental de la provincia

5 DE SEPTIEMBRE	14 DE SEPTIEMBRE	28 DE SEPTIEMBRE
Caída de Irún. La zona norte republicana queda aislada.	Los sublevados entran en San Sebastián.	Conquista rebelde de Toledo y liberación del Alcázar.

de Granada. En Aragón, los sublevados frenaron el avance desordenado de las columnas de milicianos procedentes de Barcelona y configuraron un largo frente que se mantuvo estable durante mucho tiempo. Los republicanos fracasaron también en su intento de conquistar Mallorca. Los milicianos llegados por mar a principios de agosto tuvieron que reembarcar en los primeros días de septiembre. Y en Guipúzcoa los milicianos de izquierdas y los primeros batallones de nacionalistas vascos no pudieron aguantar el empuje de los requetés mandados por Mola. Irún cayó el 5 de septiembre, después de duros combates, y San Sebastián fue ocupada el día 14. La comunicación terrestre de la zona norte republicana con la frontera francesa quedó cerrada.

> «La nuestra es solo una guerra incivil.»
>
> **Miguel de Unamuno,** Paraninfo de la Universidad de Salamanca, 12 de octubre de 1936.

El Ejército de Franco. Pero la campaña de Mola quedó empequeñecida ante el avance arrollador del Ejército de África comandado por Franco. A finales del mes de julio los aviones alemanes e italianos empezaron a tender un puente aéreo que en los meses siguientes permitió transportar a la Península a más de 20.000 soldados. El 7 de agosto, cuando Franco aterrizó en Sevilla, ya habían salido dos columnas desde la capital andaluza hacia Extremadura. Franco eligió esa ruta hacia Madrid, en vez de seguir la más corta de Despeñaperros, porque podía avanzar con el flanco izquierdo protegido por la cercana frontera portuguesa, donde pronto encontró el apoyo de la dictadura de Salazar. El día 11 de agosto Mérida cayó en poder de los rebeldes, dirigidos por Yagüe. Su estrategia recordaba a las columnas de la guerra de Marruecos. Las tropas de choque compuestas por legionarios y marroquíes superaban con rapidez a los grupos dispersos de milicianos y campesinos mal armados imponiendo el terror en cada pueblo conquistado. Las fuerzas republicanas agrupadas en Badajoz poco pudieron hacer frente a la potencia de fuego y la superio-

1 DE OCTUBRE	4 DE OCTUBRE	19 DE OCTUBRE
Franco, Jefe del Estado español en Burgos.	Llega a Cartagena el primer barco con armas de la URSS.	Comienza la batalla de Madrid.

ridad militar de los rebeldes. El 14 de agosto los rebeldes entraron en la ciudad y aniquilaron a sus defensores entre escenas de saqueos, violaciones y mutilaciones que culminaron en la masacre de la plaza de toros, donde en unas horas fueron ametrallados cientos de prisioneros.

Después de la toma de Mérida y Badajoz la zona norte rebelde quedó conectada con la zona sur. Las columnas de Yagüe llegaron al valle del Tajo y se dirigieron hacia Talavera de la Reina, donde el 3 de septiembre doblegaron la resistencia miliciana con un gran apoyo aéreo y artillero. Madrid quedaba a poco más de cien kilómetros. Pero Franco decidió frenar el avance hacia la capital y desviar a las tropas hacia Toledo para liberar el Alcázar. Un objetivo político que le proporcionó un gran triunfo propagandístico y reforzó su liderazgo, pero que impidió la toma de Madrid. El anuncio de una guerra larga.

EL ALCÁZAR DE TOLEDO

El episodio del asedio y la liberación del Alcázar de Toledo fue uno de los mitos más famosos del bando franquista. El sitio comenzó el día 22 de julio. La llegada a Toledo de la columna miliciana del general Riquelme obligó al coronel José Moscardó, el militar que encabezaba la sublevación en la ciudad, a refugiarse dentro de los gruesos muros del Alcázar. Contaba con más de mil doscientos combatientes, más de la mitad guardias civiles que habían llegado de los pueblos de la provincia acompañados de sus familias. Entre los defensores había un centenar de civiles voluntarios y algo que no suele decirse, un número indeterminado de rehenes tomados entre la población de Toledo.

La leyenda franquista cuenta que el 23 de julio Moscardó recibió una llamada de teléfono en la que los sitiadores le amenazaron con matar en el acto a su hijo si no se rendían. Y que el coronel les contestó, emulando a Guzmán el Bueno en la fortaleza de Tarifa, que podían fusilarlo porque el Alcázar no se rendiría jamás. Lo cierto es que Luis Moscardó no murió entonces, fue asesinado un mes más tarde como represalia por un bombardeo aéreo sobre la ciudad.

Durante setenta días los sitiadores no supieron superar la resistencia de los defensores del Alcázar, bien armados y parapetados entre los escombros. Y tampoco calcular la rapidez del avance de las tropas de Yagüe, que se acercaban peligrosamente desde Extremadura. El día 28 de septiembre las tropas del general Varela entraron en Toledo sembrando de cadáveres las calles, sin hacer prisioneros, incluidos los heridos del hospital. Al «liberar» a los sitiados Moscardó pronunció la famosa frase, «Sin novedad en el Alcázar, mi general». La escena se repitió dos días más tarde delante de Franco, con la presencia de cámaras y periodistas que difundieron la noticia por todo el mundo. El desvío del Ejército de África para tomar Toledo fue un error militar que impidió la conquista de Madrid. Pero a Franco le proporcionó un beneficio político indudable. El liberador del Alcázar, el héroe salvador de España, el Generalísimo.

La idea en síntesis: el Ejército de África se detuvo a las puertas de Madrid.

Mola

Emilio Mola fue el «Director» de la conspiración militar que culminó en el golpe de Estado de julio de 1936. En los meses previos demostró sus dotes como organizador y coordinador de la sublevación. Pero cuando la rebelión se convirtió en una guerra civil los acontecimientos lo fueron relegando a un lugar secundario.

CRONOLOGÍA

1887	1911	1921
Nacimiento de Mola en Santa Clara (Cuba).	Teniente de Regulares en Melilla.	Ascenso a teniente coronel.

«El militarismo, donde existe, constituye en sí una sociedad que desarrolla una civilización, una moral. Esta moral tiene por finalidad el engrandecimiento de la Patria por un sistema simple: la guerra.» El texto pertenece al libro *El pasado, Azaña y el porvenir*, publicado en 1934. Su autor, el general Emilio Mola, defiende el uso del «derecho a la fuerza, puesto en práctica por los hombres desde los remotos tiempos de las tribus hasta los actuales de las naciones y los imperios, en que ya declinan las doctrinas democráticas». Contra esa doctrina democrática se levantó en armas Mola en el verano de 1936. En la mañana del 19 de julio José Ignacio Escobar, el director del periódico conservador *La Época*, respiró aliviado al oír en Burgos el clamor de los soldados que fijaban por las esquinas el bando del Estado de guerra firmado por Mola. «Al fin estaban las tropas en la calle. El Ejército español hacía buena una vez más la afirmación de que siempre sería un pelotón de soldados el último refugio del honor.»

Un militar africanista. Emilio Mola Vidal nació en un pueblo de la provincia de Santa Clara, en Cuba, en 1887. Su padre era capitán de la Guardia Civil. En 1894 su familia se trasladó a España, primero a Gerona y luego a Málaga. En 1904 Mola ingresó en la Academia de Infantería de Toledo. Su carrera militar tomó impulso a partir de 1911, cuando llegó al Protectorado de Marruecos como teniente de regulares. Un buen ejemplo de la política de ascensos por méritos de guerra impuesta por Alfonso XIII. Mola consiguió el grado de capitán en 1912, el de comandante en 1914 y el de teniente coronel en 1921. También se vio favorecido por el dictador Primo de Rivera, que lo promovió a coronel en 1926 y un año más tarde a general de brigada. África le había proporcionado a Mola una carrera rápida y

1927	1930	1935
Ascenso a general de brigada.	Nombramiento como Director General de Seguridad.	Jefe de las fuerzas militares del Protectorado de Marrruecos.

«Mola había puesto en pie el Ejército de Marruecos y venía a Navarra a levantar otro en la Península.»

Félix Maíz,
Mola, aquel hombre, 1976.

exitosa y también una mentalidad militarista, corporativa y ultraconservadora. En febrero de 1930, al terminar la dictadura, el general Dámaso Berenguer nombró a Mola Director General de Seguridad, cargo que desempeñó hasta la llegada de la República. Mola se empleó con dureza en la represión de los movimientos de protesta, que denunciaba como parte de una conspiración revolucionaria extranjera. En marzo de 1931 la represión de una protesta de estudiantes terminó con dos muertos y bastantes heridos. Unas semanas más tarde, proclamada la República, el Gobierno provisional procesó a Mola por imprudencia temeraria. Su paso por la prisión militar fue muy breve. En el verano de 1931 se encontraba en libertad provisional, recluido en su domicilio. Un año más tarde, después de la «Sanjurjada», era trasladado a la reserva disfrutando de su sueldo íntegro, como ocurría con todos los generales que se habían acogido a la Ley de Retiros de Azaña.

En abril de 1934 la ley de amnistía aprobada por el Gobierno de Alejandro Lerroux supuso la rehabilitación profesional de Mola. En el verano de 1935, con Gil Robles en el Ministerio de la Guerra, el general Franco, entonces jefe del Estado Mayor del Ejército, nombró a Mola jefe de la Comandancia Militar de Melilla. Antes de terminar el año ya estaba al mando de todas las unidades del Norte de África.

Conspiración y rebeldía. En febrero de 1936, después del triunfo electoral del Frente Popular, Azaña procedió a desplazar a los generales menos leales a puestos de menor relevancia. La ideología contrarrevolucionaria de Mola, su predisposición a la conspiración y su animad-

15 DE MARZO DE 1936	1 DE JULIO	19 DE JULIO
Presentación oficial de Mola en Pamplona.	Firma de la última instrucción reservada.	Declaración del estado de guerra en Pamplona.

versión hacia la figura de Azaña no eran ningún secreto. El 4 de marzo partía de Melilla para tomar posesión de su nuevo puesto en la comandancia de Pamplona. Antes de salir del Protectorado Mola dejó tejidos los hilos de la conspiración, en manos del teniente coronel Juan Yagüe. Y al pasar por Madrid entró en contacto con la trama golpista que se estaba forjando en la capital.

La sublevación prevista por la Junta de Generales para el 20 de abril se suspendió por falta de apoyos. Ese fue el momento escogido por Mola para dar un paso al frente y asumir, con el respaldo de Sanjurjo, el papel de «Director» de la trama golpista. A lo largo de los meses de mayo y junio Mola, que tenía una notable libertad de acción, fue redactando y enviado una serie de trece documentos que definían los objetivos, los medios y los pasos previstos para el triunfo final del golpe de Estado. La trama se extendía de guarnición en guarnición, con un gran eco entre los jefes y mandos intermedios, y ganaba apoyos civiles entre los grupos de extrema derecha y los círculos empresariales y financieros, con el concurso decidido del banquero Juan March.

Tampoco faltaban los obstáculos que hacían temer por el éxito de la rebelión. En junio Mola le llegó a decir a su secretario, Félix Maíz: «Eso no anda. Nadie empuja». La fecha prevista para la insurrección se retrasó en varias ocasiones, pero ya no era posible dar marcha atrás. Había que jugarse el todo por el todo, y con la mayor violencia posible, como repitió en varias ocasiones. En las últimas semanas se ultimaron los preparativos en el Protectorado de Marruecos, la coordinación con Queipo de Llano y Cabanellas, las negociaciones con Falange, Renovación Española, la CEDA y el difícil acuerdo con la Comunión Tradicionalista.

En la madrugada del domingo 19 de julio Mola proclamó la ley

> «El Generalísimo, sin duda, se siente aliviado por la muerte de Mola.»
>
> **Wilhelm von Faupel,** embajador alemán, marzo de 1937.

25 DE JULIO
Mola forma parte de la Junta de Defensa Nacional constituida en Burgos.

21 DE SEPTIEMBRE
Primera reunión de los jefes militares rebeldes para decidir el mando único.

31 DE MARZO DE 1937
Mola inicia la ofensiva en Vizcaya.

marcial en Pamplona y puso en marcha, de manera inmediata, una brutal campaña de limpieza política. En una reunión con alcaldes navarros ordenó «sembrar el terror», dar la sensación de dominio «eliminando sin escrúpulos ni vacilación a todos los que no piensen como nosotros». El terror como un medio para asegurar el control del territorio dominado, pero también para erradicar todo lo que había significado la experiencia política y social republicana, el verdadero objetivo del golpe de Estado.

Mola, que había sido el protagonista principal de la conspiración, fue perdiendo peso y relevancia a medida que la rebelión se convertía en una guerra. Los acontecimientos de los días posteriores al golpe lo fueron relegando a un papel cada vez menos decisivo para la suerte del conflicto bélico. Las columnas desplegadas hacia la capital de la República no lograban pasar de la sierra madrileña. En el frente norte la resistencia inesperada de San Sebastián había detenido la marcha hacia Vizcaya. Y la escasez de armas y municiones obligaban a Mola a depender de Queipo de Llano y de Franco, convertido en el nombre de referencia para italianos y alemanes. El paso de Mola a un segundo plano fue más evidente todavía después del verano, cuando Franco se convirtió en el jefe supremo de los sublevados.

El 3 de junio de 1937 Mola volaba de Vitoria a Valladolid en un bimotor *Air-Speed Envoy*. El aparato se estrelló, en medio de la niebla, en una ladera del monte de La Brújula, en la provincia de Burgos. Dos años más tarde, concluida la guerra, Franco inauguró en el lugar del accidente un monumento de más de veinte metros de altura, con grandes escalinatas y rampas de piedra construidas por miles de presos republicanos. Alcocero, el pueblo más cercano, pasó a llamarse desde entonces Alocero de Mola. El cuerpo del general fue enterrado en el cementerio de Pamplona al día siguiente de su muerte, donde permaneció hasta 1961, cuando fue trasladado en un cortejo fúnebre, con todos los honores, a la cripta del monumento a los Caídos. Mola tuvo dos funerales. Miles de víctimas civiles asesinadas en fosas comunes, cunetas y barrancos, en cumplimiento de sus órdenes, siguen sin tener uno.

3 DE JUNIO

Muerte de Mola en
accidente aéreo en Alcocero
(Burgos).

LOS GENERALES AFRICANISTAS
La experiencia de la guerra colonial de Marruecos creó una casta de oficiales militaristas y autoritarios, con un sentido de la identidad propio. Durante muchos años los «africanistas» se habían visto favorecidos por una escala de salarios más elevada y, sobre todo, por la polémica política de concesión de ascensos y medallas por méritos de guerra. La mayoría eran defensores de un nacionalismo intervencionista de extrema derecha, con un notable desprecio hacia la sociedad civil y la política parlamentaria. En el verano de 1936 formaron la columna vertebral de la rebelión, dispuestos a la reconquista de España. Y para ello utilizaron una estrategia habitual de la guerra colonial, la brutalidad, la disuasión a través del terror.

La idea en síntesis: un general africanista, cerebro del golpe de Estado.

La Falange

Camisas azules, yugos y flechas, brazos en alto. Los símbolos, la ideología y la capacidad de movilización. En la antigua Grecia la falange era el cuerpo central de la infantería pesada. El término define también a un grupo numeroso y ordenado de personas que tienen un mismo fin. El fin de Falange Española era la contrarrevolución fascista, la destrucción de la República.

CRONOLOGÍA

29 DE OCTUBRE DE 1933	13 DE FEBRERO DE 1934	14 DE MARZO DE 1936
Fundación de Falange Española.	Fusión de FE y las JONS.	Detención de José Antonio Primo de Rivera.

«Cara al sol con la camisa nueva / que tú bordaste en rojo ayer, / me hallará la muerte si me lleva / y no te vuelvo a ver.» La segunda estrofa fue más difícil. Agustín de Foxá, Dionisio Ridruejo, Rafael Sánchez Mazas y otros jóvenes escritores se habían reunido con José Antonio Primo de Rivera en los bajos del bar *Or-Kompon*, a finales de noviembre de 1935, para componer un himno falangista. Un himno guerrero que invocara a la muerte y a la victoria. Al escucharlo por primera vez, Foxá recordaba en los ojos de José Antonio el brillo de una luz de entusiasmo: «Le parecía escuchar en la cercana calleja las pisadas rítmicas de sus camaradas que marchaban hacia un frente desconocido, y que penetraba por la ventana el aire frío de las batallas y de las banderas». La banda sonora de una guerra.

El fascismo español. En 1930, al terminar la dictadura de Primo de Rivera, las fuerzas de la derecha reaccionaria comenzaron a crear organizaciones como el Partido Nacionalista Español o la Unión Monárquica Nacional. El vicesecretario de ésta última era José Antonio Primo de Rivera, el primogénito del dictador, un joven abogado culto y elegante que empezó a destacar en los círculos de la derecha radical. Después de la proclamación de la República el pensamiento de José Antonio comenzó a evolucionar hacia el fascismo. La llegada de Hitler a la Cancillería alemana, en enero de 1933, fue un estímulo importante para todos los grupos contrarrevolucionarios, pero el referente más cercano seguía siendo la Italia de Mussolini. El 19 de octubre de 1933 Primo de Rivera viajó a Roma y se entrevistó con el *Duce*. Diez días después tuvo lugar el mitin celebrado en el Teatro de la Comedia de Madrid en el que se fundó Falange Española (FE).

4 DE MAYO	24 DE JULIO	2 DE SEPTIEMBRE
Primo de Rivera escribe la «Carta a los militares de España».	Muere Onésimo Redondo, líder de las JONS.	Consejo Nacional de FE y de las JONS en Salamanca.

> «¡Guardianes de nuestra Patria: sacudid la resignación ante el cuadro de su hundimiento y venid con nosotros por España una, grande y libre!»
>
> **José Antonio Primo de Rivera,** cárcel de Alicante, 17 de julio de 1936.

El 13 de febrero de 1934 Falange Española se fusionó con otro grupo fascista minoritario, las Juntas de Ofensiva Nacional Sindicalista (JONS) de Ramiro Ledesma y Onésimo Redondo. Nació así Falange Española de las JONS, un partido que gracias al apoyo financiero de los monárquicos alfonsinos pudo ampliar su afiliación y crear una estructura permanente. A lo largo de 1935 Primo de Rivera, convertido en jefe nacional de FE de las JONS, adoptó una ideología fascista cada vez más radical, con un modelo de Estado totalitario. Contaba la ayuda económica enviada mensualmente por Musolini y con el activismo de jóvenes escuadristas que comenzaron a poner en práctica la propaganda de la acción directa y violenta en una escalada de agresiones cada vez más frecuentes.

Hasta febrero de 1936 la relevancia política de Falange fue muy escasa. En las elecciones generales de ese mes apenas obtuvo 40.000 votos y no consiguió ningún escaño. Puede que entonces sus afiliados no pasaran de 5.000 o 10.000 en toda España. Pero a partir de ese momento los falangistas lograron un protagonismo inesperado en la calle, en los atentados y choques violentos que les enfrentaron con los militantes de partidos y sindicatos de izquierda. La violencia política era una estrategia deliberada para desestabilizar al régimen republicano. Y las milicias falangistas se ofrecieron de manera decidida a colaborar en la conspiración militar que se preparaba. En el mes de marzo el Gobierno de Azaña clausuró las sedes de Falange y encarceló a sus dirigentes, incluido José Antonio. El partido

20 DE NOVIEMBRE	19 DE DICIEMBRE	19 DE ABRIL DE 1937
Fusilamiento de José Antonio en Alicante.	Decreto de militarización de todas las milicias.	Decreto de Unificación. Creación de Falange Española Tradicionalista y de las JONS.

se convirtió en una organización ilegal, pero fue precisamente en esos meses de clandestinidad cuando más creció su militancia recogiendo a muchos jóvenes derechistas desengañados de la política parlamentaria.

Una fuerza paramilitar. Al empezar la guerra civil los falangistas colaboraron desde el primer momento con los militares rebeldes para formar milicias dispuestas a ir al frente. Y asumieron también un papel protagonista en las tareas represivas de control de la retaguardia, en la campaña de limpieza política que tiñó de sangre el verano de 1936.

> **«¿De dónde había surgido aquel centenar de falangistas?»**
>
> **Carlos Castilla del Pino**, recuerdos del verano de 1936, *Pretérito imperfecto*, 1997.

FE de las JONS tuvo un crecimiento vertiginoso en todas las provincias sublevadas. La Falange y el Requeté carlista, donde existía, eran las únicas organizaciones paramilitares capaces de reclutar a los miles de voluntarios civiles que acudían a coger un arma para apoyar a los sublevados. El movimiento fascista ofrecía un uniforme y encuadramiento militar a los jóvenes católicos, pequeños propietarios y antiguos monárquicos o conservadores. Y también un refugio para muchos republicanos de izquierda y sindicalistas que temían que el terror represivo llegara hasta ellos. La adscripción voluntaria respondía a motivos muy diferentes, desde el convencimiento ideológico y la camaradería juvenil hasta la afiliación oportunista o la búsqueda de seguridad personal.

Lo cierto es que, aunque se pueda relativizar el compromiso ideológico o el ardor guerrero de los combatientes voluntarios, la movilización emprendida por los rebeldes en julio de 1936 no hubiera podido triunfar sin contar con un gran apoyo social. Lo ocurrido en España formó parte de un fenómeno histórico de la Europa de entreguerras, la aparición de movimientos de masas reaccionarios dispuestos a participar en soluciones de fuerza de carácter fascista. En octu-

25 DE ABRIL DE 1937

Detención y condena a muerte de Hedilla.

30 DE NOVIEMBRE DE 1939

Traslado de los restos de José Antonio a El Escorial.

bre de 1936 había casi 40.000 hombres con uniforme de Falange. A comienzos de 1937 la organización decía contar con 80.000 milicianos en el frente y otros 50.000 en retaguardia.

Hacia el partido único. En septiembre de 1936, con José Antonio Primo de Rivera en la cárcel de Alicante, de donde ya no saldría con vida, se reunió en Salamanca el Consejo Nacional de FE de las JONS que eligió a Manuel Hedilla como jefe provisional y organizó el funcionamiento de las secciones y servicios del partido (la Primera y Segunda líneas, Sección Femenina, Auxilio de Invierno y Prensa y Propaganda). Pero pronto los mandos falangistas tuvieron que aceptar su subordinación a los jefes militares. Las Banderas de Falange fueron militarizadas y quedaron integradas en el Ejército. Y sus dirigentes políticos quedaron sin margen de maniobra, divididos y enfrentados en varias tendencias.

Las disensiones y recelos aumentaron cuando se conoció el propósito de Franco de unificar a todas las fuerzas políticas «nacionales» en una sola organización. El Decreto de Unificación del 19 de abril de 1937 era, como escribió Dionisio Ridruejo, «un golpe de Estado a la inversa». Al contrario de lo sucedido en Italia y Alemania, «no era un partido mesiánico el que se había apoderado del Estado sino el Estado —su jefe— el que se había apoderado de los partidos fundiéndolos para acomodarlos a sus propósitos». La oposición de Hedilla terminó con su detención y condena a muerte, finalmente conmutada por la de cadena perpetua. No había espacio para otro poder que no fuera el de Franco, que se adueñó así de un movimiento de masas que acabó siendo uno de los cimientos de su apoyo popular.

JOSÉ ANTONIO PRIMO DE RIVERA, ¡PRESENTE!
En la madrugada del 20 de noviembre de 1936 José Antonio Primo de Rivera fue fusilado en el patio de la cárcel de Alicante. Los disparos que acabaron con su vida cumplían la sentencia de muerte dictada dos días antes por los magistrados del Tribunal Popular que lo declaró culpable de conspiración y rebelión militar.

Franco se enteró muy pronto de la ejecución del fundador de Falange Española pero hasta octubre de 1938 no se reconoció públicamente la noticia de su muerte. Durante dos años José Antonio fue «El Ausente», una figura mítica, casi religiosa, que evitaba la desmoralización de los falangistas y le permitía a Franco apropiarse de su ideología, sus símbolos y sus rituales. Sin un líder alternativo que pudiera hacerle sombra, Franco se convirtió primero en el garante de la doctrina de José Antonio y luego, ya con el mando directo del partido único, Falange Española Tradicionalista de las JONS, en el depositario de su herencia, en su sucesor legítimo.

En 1939 el cadáver de José Antonio fue llevado a hombros por falangistas en una ceremonia espectacular que recorrió los casi 500 kilómetros que separaban Alicante del monasterio de El Escorial. Allí permaneció hasta 1959, cuando fue trasladado a la basílica del Valle de los Caídos, al lado de la tumba faraónica proyectada para Franco. La figura sacralizada de José Antonio se convirtió el «héroe nacional» y el 20 de noviembre en un día de luto en toda España. El culto a su memoria quedó grabado en multitud de calles y plazas y en todas las fachadas de las iglesias de España: «José Antonio Primo de Rivera, ¡Presente!».

La idea en síntesis: el principal movimiento de masas de la España nacionalista.

El Requeté

Un Requeté, decían las Ordenanzas de Enrique Varela, era la «unidad de acción que reúne suficientes fuerzas de choque y capacidad de maniobra para desempeñar aisladamente una misión de importancia». Seis «boinas rojas» formaban una patrulla, veinte un grupo, setenta un piquete, tres piquetes un requeté, tres requetés un tercio, la unidad superior. Todos dispuestos a luchar contra los «enemigos de España».

CRONOLOGÍA

15 DE JULIO DE 1936	19 DE JULIO	24 DE JULIO
Los carlistas aceptan oficialmente participar en el golpe de Estado.	Constitución de la Junta Central de Guerra Carlista de Navarra.	Columnas de requetés en Guipúzcoa y en la sierra Norte de Madrid.

En la madrugada del 19 de julio de 1936

una compañía de soldados con bandas de cornetas y tambores había proclamado la ley marcial en el centro de Pamplona, todavía vacío y silencioso. Por la mañana las calles se llenaron de grupos de jóvenes con boina roja, llegados desde todos los pueblos, que desfilaban hacia la plaza del Castillo. El vecindario aplaudía desde los balcones, con banderas monárquicas y colgaduras de la Virgen del Pilar o del Sagrado Corazón. El entusiasmo festivo se confundía con el fervor religioso. Por la tarde salía una columna hacia Logroño, camino de Madrid, formada por el Tercio de Pamplona y algunas unidades militares. Todos pensaban que la guerra sería cuestión de unos días, tal vez unas semanas. Que pronto estarían de vuelta a casa. La multitud vitoreaba a los que partían. Había madres que despedían a sus hijos y jóvenes Margaritas que les ponían detentes a los requetés para protegerlos de las balas. Entre las autoridades se escuchaba la voz de Mola: «Hala, muchachos, a salvar a España».

El carlismo ante la guerra civil. En la primavera de 1936 los carlistas sabían dónde estaban y qué es lo que querían. Puede que otras fuerzas y organizaciones políticas hubieran cambiado mucho sus planteamientos y sus objetivos, pero ellos no. Los carlistas apelaban a la tradición. Y la suya, desde hacía un siglo, era estar frente a la revolución.

En los años de la Segunda República las distintas tendencias del carlismo se habían ido agrupando en torno a la Comunión Tradicionalista, presidida primero por el conde de Rodezno y luego por Manuel Fal Conde, en una amalgama contrarrevolucionaria que ganaba afiliados y votos. En las elecciones generales de 1933 los carlistas, dentro de la coalición de las derechas, alcanzaron veintiún diputados. Conservaban un arraigo considerable en el País Vasco y

2 DE SEPTIEMBRE	29 DE SEPTIEMBRE	20 DE DICIEMBRE
Creación en Burgos de la Junta Nacional Carlista de Guerra.	Fallecimiento en Viena del pretendiente Alfonso Carlos.	Decreto de militarización de las milicias.

> **«Considérate soldado de una cruzada que pone a Dios como fin y en Él confía el triunfo.»**
>
> Manuel Fal Conde,
> *Devocionario del Requeté*,
> 1936.

Navarra, sus feudos históricos, y también se habían extendido por Andalucía, Valencia, Galicia y Cataluña. En sus filas destacaba, como era de esperar, el campesinado familiar, la pequeña burguesía ultracatólica y el clero rural, pero los cargos directivos estaban ocupados por los grandes propietarios y la burguesía de negocios.

La labor organizativa del tradicionalismo se basaba en la prensa integrista y en los círculos, el ámbito central de la sociabilidad carlista. Pero en los años treinta se difundieron también las secciones de mujeres, las Margaritas (el nombre de la primera esposa del pretendiente Carlos VII), y jóvenes, el Requeté. La campaña de movilización y militarización del Requeté comenzó a partir del verano de 1932, después del fracaso de la «Sanjurjada», y se intensificó después de los acontecimientos de octubre de 1934 con desfiles, prácticas de instrucción y ejercicios de tiro.

Los preparativos para el asalto a la República se aceleraron a partir del fracaso cosechado en las elecciones de febrero de 1936, en las que los carlistas apenas consiguieron diez diputados. Cuando llegaron los días decisivos del mes de julio los carlistas contaban con las fuerzas paramilitares derechistas mejor organizadas y entrenadas, con remesas de armas compradas en Italia. A los cerca de 8.000 boinas rojas preparados para la acción en Navarra se sumaban otros 22.000 en el resto de España. Una fuerza notable que Mola quería incorporar a la conspiración militar. Las negociaciones entre Fal Conde y Mola fueron duras porque los carlistas no querían renunciar a su propio proyecto político. Al final, el 15 de julio se sumaron oficialmente a un golpe que ya estaba en marcha. Confiaban en Sanjurjo para un futuro político cercano a su ideología. Su muerte accidental supuso

23 DE FEBRERO DE 1937	19 DE ABRIL	25 DICIEMBRE
Decreto que declara «canto nacional» al himno de Oriamendi.	Decreto de Unificación. Final legal de la Comunión Tradicionalista.	Javier de Borbón, príncipe regente carlista, es expulsado de España.

un revés muy duro para sus aspiraciones. Pero, para entonces, ya no cabía dar marcha atrás.

Los tercios de requetés. Al comenzar la rebelión los milicianos carlistas desempeñaron un papel protagonista en Navarra, Álava y La Rioja y colaboraron de manera activa con los sublevados en las provincias andaluzas y en ciudades como Zaragoza o Burgos. En el verano de 1936 el crecimiento numérico de los requetés, aunque más concentrado territorialmente que el de los falangistas, fue espectacular. Para entenderlo, además de los factores políticos y de las afiliaciones oportunistas hay que tener en cuenta las raíces culturales del carlismo. Su capacidad de movilización estaba relacionada con la pervivencia de comunidades rurales que mantenían creencias compartidas, lealtades personales, formas de patronazgo y relaciones de reciprocidad muy arraigadas. Comunidades donde la familia, la casa, la herencia y las celebraciones tradicionales seguían siendo vehículos para la transmisión de valores y de actitudes.

> **«A la orilla del Ebro, el requeté, que veía su patria sucumbir levantó la bandera de la fe y juró defenderla hasta morir.»**
>
> Himno del Tercio de Nuestra Señora del Pilar.

A lo largo de la guerra civil los carlistas llegarían a formar más de cuarenta tercios de requetés, similares a los batallones de infantería, con un número de combatientes cercano a los 60.000. Los tercios tenían nombres relacionados con la historia del carlismo (Montejurra, Navarra, Oriamendi, Zumalacárregui) o con la religión católica (San Miguel, Virgen Blanca, San Ignacio, Nuestra Señora de Montserrat).

En el verano de 1936 los requetés colaboraron de manera activa en las campañas de limpieza política que los sublevados emprendieron en el territorio que dominaban, especialmente en Navarra y La Rioja. Su contribución militar fue muy importante, sobre todo en los primeros meses de la guerra. Participaron en las campañas del frente Norte, en la batalla de Brunete, en todo el frente de Aragón, en Belchite y en la batalla del Ebro.

La derrota política. La importancia política del carlismo fue de más a menos a lo largo del conflicto bélico. El pretendiente carlista, Alfonso Carlos, murió en septiembre de 1936 en Austria. Su sobrino Javier de Borbón Parma se convirtió en príncipe regente y confirmó todos los cargos de la Junta Nacional Carlista de Guerra establecida en Burgos. El presidente de la Junta, Fal Conde, temía con razón la pérdida de poder y autonomía de los carlistas, encuadrados militarmente en el ejército franquista y repartidos por todos los frentes. Fal Conde representaba el sector más reivindicativo del tradicionalismo, enfrentado a la facción del conde de Rodezno, más conservadora y colaboradora con los militares.

En diciembre de 1936 Fal Conde anunció la creación de una Real Academia Militar Carlista. Franco consideró el anuncio como una traición al Ejército y exigió la formación de un consejo de guerra o el destierro. El exilio del dirigente carlista en Lisboa fue el primer paso de la derrota política de los tradicionalistas. El decreto de Unificación de abril de 1937 supuso el fin de la existencia legal de la Comunión Tradicionalista, su desaparición dentro de Falange Española Tradicionalista y de las JONS. Los carlistas no tardaron en sentirse desengañados y marginados, cada vez más enfrentados con los falangistas. Al terminar la guerra los tercios de requetés fueron disueltos. Los carlistas perdieron sus bienes, sus sedes y sus periódicos. Por fin se encontraban entre los vencedores, pero su causa había sido derrotada.

EL HIMNO DE ORIAMENDI

«Por Dios, por la Patria y el rey / lucharon nuestros padres / Por Dios, por la Patria y el rey / lucharemos nosotros también.» El origen del himno carlista se remonta a la batalla de Oriamendi, el 16 de marzo de 1837. Según cuenta la tradición, después del combate los carlistas ocuparon el campamento enemigo y se llevaron una partitura compuesta por un músico inglés. La letra, primero en euskera y luego en castellano, se fue modificando a lo largo del tiempo. La versión más conocida fue escrita en 1908 por Ignacio Baleztena, autor también del *¡Riau, Riau!* y de conocidas canciones festivas pamplonicas como el *Uno de Enero* o *Levántate pamplonica*.

Las circunstancias posteriores obligaron a alterar algunos versos y a cambiar los nombres de los pretendientes carlistas. En la guerra civil el *Oriamendi* se convirtió en el himno guerrero de los requetés. La versión oficial acabó sustituyendo el verso «que venga el rey de España a la corte de Madrid» por «que las boinas rojas entren en Madrid». Franco no tenía ninguna intención de restaurar la monarquía tradicional con la que soñaban los carlistas.

La idea en síntesis: la fuerza paramilitar más preparada antes de la guerra.

Las milicias republicanas

En el verano de 1936 allí donde la rebelión militar fracasó surgió el «ejército del pueblo», columnas de milicianos dispuestas a sofocar la sublevación y proclamar la revolución. Pero el entusiasmo no gana batallas. El fervor revolucionario vivido en las calles de las ciudades perdía su fuerza en campo abierto. Hacía falta disciplina, capacidad de mando, armas modernas y recursos económicos. Hacía falta un ejército.

CRONOLOGÍA

21 DE JULIO DE 1936	8 DE AGOSTO	15 DE AGOSTO
Comité Central de Milicias Antifascistas en Barcelona.	En Madrid se crea la Inspección General de Milicias.	La paga de los milicianos se fija en 10 pesetas diarias.

Al comenzar la guerra los milicianos de Madrid estaban organizados en partidos, sindicatos y grupos locales. Álvaro Delgado, un joven de 14 años del barrio de Lavapiés, los veía cada mañana salir de sus casas con el fusil en mano para ir a luchar a la sierra de Guadarrama «como quien sale de excursión». Mientras tanto, el comandante Solera permanecía en el Ministerio de la Guerra: «el Estado Mayor no podía hacer planes porque le faltaba su brazo ejecutivo: el ejército mismo». En Barcelona Josep Cercós, metalúrgico de la juventud libertaria, salía hacia Aragón con el fusil que había conseguido en el parque de artillería de Sant Andreu y una veintena de cartuchos: «había una fiebre tremenda por llegar a Zaragoza y conquistarla». La realidad de la guerra se impuso en la primera acción de importancia, en el pueblo de Azaila, cuando el avance se vio detenido por una ametralladora instalada en la torre de la iglesia: «me di cuenta entonces de lo necesarias que eran la organización y la táctica». Los testimonios recogidos por Ronald Fraser en su historia oral de la guerra civil permiten apreciar el valor y el entusiasmo de los milicianos republicanos. Y también su impericia y descoordinación, la carencia de armas y suministros, la división entre los que querían ganar la guerra y los que luchaban para hacer la revolución.

Milicianos en armas. En el verano de 1936, cuando la rebelión militar se convirtió en guerra abierta, el peso de la lucha en la zona leal al gobierno republicano quedó en manos de las milicias. La estructura del Estado se había derrumbado y en su lugar habían surgido diversos poderes armados que competían entre sí por el control y represión de la retaguardia y por la dirección de las operaciones militares. El primer objetivo de los partidos y sindicatos que tenían milicias armadas era el reclutamiento de hombres, la búsqueda de armas y la organiza-

12 DE SEPTIEMBRE	15 DE SEPTIEMBRE	10 DE OCTUBRE
Creación del Comité de Guerra del Frente de Aragón.	Decreto de creación de las Milicias de Vigilancia de Retaguardia.	Creación de las primeras Brigadas Mixtas.

[Milicianos] «llenos de ardor revolucionario pero completamente ignorantes respecto a lo que significaba una guerra.»

George Orwell,
Homenaje a Cataluña, 1937.

ción del abastecimiento. En las grandes ciudades, como Madrid o Barcelona, se crearon rápidamente columnas de milicianos que partieron hacia los frentes todavía sin definir. Columnas autónomas con una composición heterogénea, mal armadas y equipadas, sin disciplina militar, que rivalizaban entre sí por el control político del territorio.

En Madrid las milicias estaban organizadas por los sindicatos, los partidos políticos del Frente Popular y diversos círculos y asociaciones. Tenían nombres de asociaciones profesionales, como el batallón Artes Blancas o el batallón Artes Gráficas, líderes obreros como Ernst Thaelman o Pablo Iglesias siglas y lemas como UHP (Uníos Hermanos Proletarios), Primero de Mayo, o Tierra y Libertad. Los comunistas formaron el famoso Quinto Regimiento, con un centro de instrucción por el que pasaron más de 25.000 hombres y se formaron muchos jefes, oficiales y comisarios convencidos de la necesidad de imponer la disciplina y la autoridad militar. Los anarquistas crearon las Milicias Confederales, dirigidas por Francisco del Rosal y Cipriano Mera, que sumadas a la columna de Andalucía y otras unidades menores pudieron sobrepasar los 20.000 hombres armados. El control gubernamental de las milicias comenzó el 8 de agosto de 1936 con la creación de la Inspección General de Milicias, encargada de pagar a los milicianos y organizar los aprovisionamientos. El 20 de octubre la Inspección fue sustituida por una Comandancia Militar de Milicias que dependía directamente de la jefatura de Operaciones de la zona Centro.

En Cataluña, Aragón y Levante la situación era bien diferente. Las columnas de milicianos tenían mayor autonomía que en Madrid. En Barcelona se había creado un Comité de Milicias Antifascistas que man-

15 DE OCTUBRE	20 DE OCTUBRE	28 DE OCTUBRE
Primeros comisarios políticos en el Ejército republicano.	Creación de la comandancia Militar de Milicias.	Decreto de Militarización de las Milicias Populares.

tenía un poder paralelo al Consejo de Defensa de la Generalitat. Los milicianos, dueños de las calles, habían ocupado los cuarteles bautizándolos con nombres como Bakunin, Lenin o Marx. En los días posteriores al 24 de julio fueron saliendo desde Barcelona varias columnas formadas sobre la marcha. La primera y más numerosa fue la columna Durruti, dirigida por el líder carismático de la CNT-FAI, Buenaventura Durruti. Los anarcosindicalistas, con una clara hegemonía social en Cataluña, contaban también con las columnas Ascaso, Ortiz y Los Aguiluchos. El Partido Obrero de Unificación Marxista (POUM) dirigía las columnas Lenin y Maurín. Los nacionalistas catalanes y el Partido Socialista Unificado de Cataluña (PSUC) tenían también sus propias columnas. En total podían sumar unos 25.000 hombres repartidos por el largo frente de Aragón, en la línea Huesca-Zaragoza-Teruel.

En Valencia destacaban la columna de Hierro y la columna Uribarri. En el País Vasco se llegaron a crear entre agosto y diciembre de 1936 setenta batallones de milicianos, casi la mitad de nacionalistas vascos y el resto formados por militantes anarquistas, socialistas y comunistas.

> **«Para nosotros no existía el más allá de las calles de la ciudad. El campo, con sus valles, sus ríos, sus caminos y sus puentes, sus lomas y cerros, nos era desconocido.»**
>
> **Juan García Oliver,**
> *El eco de los pasos,* 1978.

La militarización. El papel desempeñado por las milicias en las operaciones bélicas ha sido criticado con dureza por la mayoría de los especialistas en historia militar. Las milicias lucharon con valor en muchos escenarios pero carecían de entrenamiento, no tenían oficiales profesionales competentes y desconocían las reglas y tácticas militares

20 DE NOVIEMBRE

Durruti muere en Madrid.

más básicas. Las columnas de milicianos ofrecían un blanco excelente para la aviación, tenían muchos problemas para combatir en campo abierto, donde con frecuencia eran arrolladas, y muchas veces eran incapaces de mantener el orden y la disciplina interna.

Con el paso del tiempo el Estado republicano recompuso su estructura castrense y logró concentrar a los grupos armados e imponer cuadros militares. Las milicias fueron perdiendo el acceso a las armas, la organización autónoma del reclutamiento y la libertad de movimientos que habían disfrutado en los primeros meses de la guerra, aunque el proceso de militarización no se completó hasta el mes de abril de 1937. Los últimos milicianos que se resistieron a encuadrarse en el ejército regular fueron derrotados con las armas en las calles de Barcelona, en los sucesos de mayo de 1937.

DURRUTI

En la figura histórica de Buenaventura Durruti (1896-1936) es difícil separar el mito de la realidad. Su imagen forma parte de la historia negra del anarquismo pero también de la iconografía más preciada del movimiento libertario. Su leyenda comenzó a forjarse a comienzos de los años veinte en Barcelona, al frente del grupo «Nosotros», formado por militantes anarquistas de «acción» enfrentados al pistolerismo patronal, envueltos en sabotajes, atracos y asesinatos. Durante la dictadura de Primo de Rivera la sombra de Durruti pasó por Latinoamérica y Francia, donde fue detenido por tramar un atentado contra Alfonso XIII. En 1931, después de la proclamación de la República, apostó por la vía insurreccional de la CNT, lo que le llevó varias veces a la cárcel.

En las jornadas revolucionarias vividas en Barcelona el 19 y 20 de julio de 1936 Durruti fue uno de los milicianos más activos. Unos días más tarde encabezó la primera columna de milicianos que partió hacia Aragón para luchar contra los militares rebeldes y extender la revolución. Durruti acabó aceptando la necesidad de crear un mando único y de establecer la disciplina militar. Y aprobó también la participación de la CNT en el Gobierno republicano. Pero él era un hombre de acción, no iba a ocupar un puesto en las instituciones. En lugar de eso marchó a socorrer Madrid al frente de una parte de su columna. Una semana después de su llegada a la capital sitiada, cuando se encontraba en el sector de la Ciudad Universitaria, recibió un disparo junto al corazón que unas horas más tarde terminó con su vida. Era el 20 de noviembre de 1936, el mismo día de la ejecución de Primo de Rivera en la cárcel de Alicante, el mismo en el que moriría el general Franco, cuatro décadas más tarde.

La muerte de Durruti, en circunstancias no muy claras, aumentó aún más la leyenda sobre el personaje. Representaba la figura del héroe popular, del anarquista puro entregado a la causa hasta el sacrificio personal. Su entierro posterior en Barcelona fue una espectacular manifestación de duelo, con cientos de miles de personas que acompañaban el cortejo fúnebre de un revolucionario hijo de su tiempo, del convulso y conflictivo primer tercio del siglo xx. Un muerto más de la guerra convertido en una leyenda irrepetible.

La idea en síntesis: el valor y la voluntad no son suficientes para ganar una guerra.

Federica Montseny

La primera ministra de la historia de España. Cuando Federica Montseny llegó al Gobierno de la República, en noviembre de 1936, en el Madrid asediado por las tropas rebeldes, los únicos títulos que tenía, según su propia confesión, eran «taquigrafía y mecanografía». Escritora y propagandista anarquista, Federica era la «indomable», el personaje que ella misma había inventado en sus novelas de juventud.

CRONOLOGÍA

12 DE FEBRERO DE 1905	1923	1931
Nacimiento en Madrid de Federica Montseny.	Publicación de los primeros artículos de prensa.	Redactora de *Solidaridad Obrera*.

«¡Cuántas reservas, cuántas dudas, angustias internas hube de vencer yo personalmente para aceptar ese cargo!» El 6 de junio de 1937 Federica Monstseny pronunció una conferencia en el Teatro Apolo de Valencia sobre su experiencia al frente del Ministerio de Sanidad y Asistencia Social. Federica confesaba que había aceptado el puesto de ministra «venciéndome a mí misma». Aceptó «dispuesta a lavarme ante mí misma de lo que yo consideraba ruptura con todo lo que yo había sido, a condición de mantenerme siempre leal, siempre recta y siempre honrada, siempre fiel a los ideales de mis padres y de toda mi vida. Y así entré en el Gobierno y así salimos para Madrid». La CNT aceptaba participar en el Gobierno de la República porque «no podíamos quedar al margen de la dirección de España. Nosotros no podíamos quedar reducidos a actuar en una colaboración platónica, por cuanto sobre buena parte de nuestras fuerzas se levantaba la escasa legalidad que en España había». Solo había dos opciones, estar «en el vado o en el puente». Y los anarquistas habían elegido el puente, la unidad de la lucha antifascista. En la España quebrada en dos por la guerra no era posible un Gobierno que no contara con los obreros: «nada puede hacerse contra nosotros y sin nosotros».

Una escritora militante. El entorno familiar de Federica Montseny explica en buena medida la evolución de su pensamiento y de su actividad como escritora y como activista anarquista. Su padres eran Federico Urales y Soledad Gustavo (sus nombres verdaderos eran Juan Montseny y Teresa Mañé), maestros librepensadores, escritores y editores de artículos, suplementos, revistas y traducciones de textos anarquistas. Federica creció y se educó dentro de la pequeña empresa militante de su familia, rodeada de libros, folletos y amistades ácra-

4 DE NOVIEMBRE DE 1936	6 DE NOVIEMBRE DE 1936	17 DE MAYO DE 1937
Nombramiento como ministra de Sanidad y Asistencia Social.	El Gobierno se traslada a Valencia.	Fin de la etapa ministerial de Montseny.

> «Su enorme corpachón, su cabellera bien peinada, su andar cansino, sus ojos centelleantes como dos cuentas negras detrás de gruesas lentes de miope.»
>
> **Juan García Oliver,**
> *El eco de los pasos,* 1978.

tas. En 1921, cuando apenas tenía 16 años, publicó su primer relato. Dos años más tarde su firma aparecía en un artículo publicado por *Solidaridad Obrera*, el periódico oficial de la CNT. En los años veinte y treinta escribió numerosas novelas, relatos cortos, folletos y artículos publicados en *La Revista Blanca*, editada por su familia, y en colecciones como *La Novela Ideal* o *La Novela Libre* destinadas a lectores populares. Siguiendo los pasos de sus padres, Federica se convirtió en una periodista autodidacta que hizo del publicismo un oficio. Y también un medio para difundir el ideario anarquista en el hervidero social del entorno de Barcelona.

La llegada de la Segunda República cambió en parte la vida de Federica Montseny. Se casó con Germinal Esgleas, con quien llegó a tener tres hijas, y aunque no dejó de escribir en las publicaciones familiares su trabajó se centró más en el entramado asociativo y cultural de la CNT. Ingresó en la redacción de *Solidaridad Obrera*, destacó como oradora en varias giras de propaganda por Andalucía, Galicia y el País Vasco y se mostró firme defensora del «purismo» anarquista y de la vía insurreccional emprendida entre 1931 y 1933. En el Congreso de Zaragoza de la CNT, celebrado en mayo de 1936, Montseny participó en la ponencia sobre el comunismo libertario, a favor de una revolución espontánea nacida en el mundo rural. No sabía que la suerte del golpe de Estado que se preparaba se decidiría en las ciudades, y que en ellas también surgiría la revolución.

2 DE FEBRERO DE 1939	1941	1977
Montseny cruza la frontera francesa camino del exilio.	Detención y encarcelamiento en la Francia de Vichy.	Primera visita a España después del exilio.

La guerra y el ministerio. El 20 de julio de 1936, vencida la rebelión en Barcelona, Federica Montseny asistía al primer Pleno de Locales y Comarcales de la CNT de Barcelona «con una minúscula pistolita metida en una coqueta funda de cuero», como describía Juan García Oliver en *El eco de los pasos*. Formó parte del Comité Nacional de la CNT y del Comité Peninsular de la FAI y actuó como su representante en el departamento de guerra del Comité de Milicias Antifascistas. Como escribió ella misma en sus memorias, eran días de «embriaguez revolucionaria».

> **«Unos van al frente y a ti te destinamos al Gobierno.»**
>
> **Mariano Rodríguez Vázquez,** secretario del Comité Regional de la CNT catalana, noviembre de 1936.

Pero las cosas cambiaron mucho en unas semanas. En septiembre el Comité de Milicias Antifascistas fue disuelto, los dirigentes de la CNT aprobaron la participación del sindicato en las instituciones políticas y varios representantes formaron parte del Consell de gobierno de la Generalitat. El «gubernamentalismo» no era para ellos una traición ideológica sino un «sacrificio» impuesto por las necesidades de la guerra. Dos meses después, el 4 de noviembre, el Gobierno de la República, presidido por Largo Caballero, incluía en su gabinete ministerial a cuatro dirigentes anarquistas: Juan García Oliver en la cartera de Justicia, Juan López en Comercio, Joan Peiró en Industria y Federica Montseny en Sanidad y Asistencia Social.

Era la primera vez en la historia de España que los anarquistas formaban parte de un gobierno. Y la primera también que una mujer accedía a un cargo ministerial. La guerra era una situación extraordinaria con circunstancias y medidas también extraordinarias. García Oliver escribía en sus memorias que cuando los cuatro dirigentes anarquistas entraron en el Consejo de Ministros fueron recibidos con «saludos y apretones de manos. Todas las apariencias de que se nos tenía por bienvenidos». En realidad, la bienvenida fue breve y apresurada, en el ambiente tenso y conmocionado de una ciudad asediada por los sublevados. El nuevo Gobierno de Largo Caballero abandonó

14 DE ENERO DE 1994

Fallecimiento en Toulouse.

la capital de España, camino de Valencia, dos días más tarde de su formación.

La labor ministerial de Federica Montseny apenas duró medio año, hasta el 17 de mayo de 1937, cuando Azaña encargó a Negrín la formación de un nuevo Gobierno. El Ministerio de Sanidad y Asistencia Social no tenía precedentes, era una escisión del Ministerio de Trabajo. Y tampoco tuvo continuidad, desapareció con la formación del siguiente gobierno. Montseny intentó poner en marcha una política sanitaria de carácter preventivo, con un nuevo concepto del bienestar social muy alejado de la beneficencia tradicional. Entre sus proyectos destacan la creación de hogares de acogida para la infancia, los comedores especiales para embarazadas, los «liberatorios» de prostitución e incluso un plan de interrupción voluntaria del embarazo que fue rechazado por la mayor parte de los miembros del Gobierno. No tuvo ni el tiempo ni los recursos necesarios para poner en práctica sus iniciativas.

El Gobierno de Largo Caballero del que formaba parte Federica Montseny cayó como consecuencia de los Sucesos de Mayo, los sangrientos enfrentamientos vividos en las calles de Barcelona en los primeros días de mayo de 1937. A partir de entonces pasó a ocupar la secretaría de propaganda del Comité Nacional de la CNT y mantuvo, hasta el final de la guerra, una notable actividad dentro del sindicato. A finales de enero de 1939, cuando la defensa de Barcelona fue abandonada, Federica huyó en un coche acompañada de su familia hacia la frontera francesa, donde pudo utilizar su pasaporte diplomático.

El largo exilio. En el exilio, como tanto tantos otros refugiados españoles, Federica Montseny tuvo que preocuparse por encontrar cobijo y asegurar la subsistencia de su familia. En la primavera de 1940 huyó de nuevo, esta vez de los alemanes que habían invadido Francia. En octubre de 1941 fue detenida por una brigada del régimen de Vichy y permaneció varios meses encarcelada en la prisión de Limoges con una petición de extradición de las autoridades franquistas que, finalmente, no fue aceptada. Los años siguientes, hasta el final de la guerra europea, fueron angustiosos. En 1947 Federica se instaló en Toulouse y continuó su activismo dentro de la organización de la CNT en el exilio defendiendo la pureza doctrinal anarquista frente a los partidarios del posibilismo libertario.

Federica Montseny viajó a España en 1977, treinta y ocho años después de su partida hacia el exilio. Volvió a hacerlo en varias ocasiones, pero solo de visita. Mantenía viva la esperanza de que la CNT fuera de nuevo protagonista de la historia social de España. Cuando murió en Toulouse, en 1994, los asistentes a su funeral cantaron emocionados *Hijos del pueblo*, el himno anarquista. Una canción de otro tiempo.

«¿FEMINISMO? ¡JAMÁS! ¡HUMANISMO SIEMPRE!»
Al final de su vida, cuando a Federica Montseny le preguntaban su opinión sobre el movimiento feminista respondía de la misma manera que lo había hecho cuando apenas tenía veinte años: «¿Feminismo? ¡Jamás! ¡Humanismo siempre!». Federica decía que nunca había sido feminista, un concepto que relacionaba con el sufragismo, con el reformismo político y la participación en las instituciones. Pero en sus novelas los personajes femeninos luchaban por lograr la emancipación económica y la libertad de acción. Y su propia vida no fue otra cosa que un ejemplo de independencia, energía personal y superación de las adversidades. Una mujer entre muchos hombres, feminista a pesar suyo.

La idea en síntesis: una anarquista, primera ministra de la historia de España.

La violencia en la retaguardia sublevada

«Sacas» y «paseos», listas negras y fosas comunes, humillaciones y vejaciones, juicios sumarísimos y pelotones de fusilamiento. La violencia extrema de la guerra civil no fue el resultado de una locura colectiva, no fue el fruto del odio de dos Españas condenadas trágicamente a enfrentarse. Los militares sublevados, los primeros responsables de lo ocurrido, impusieron un terror brutal, premeditado y calculado. Un proyecto de exterminio político.

CRONOLOGÍA

28 DE JULIO DE 1936	14 DE AGOSTO	6 DE SEPTIEMBRE
Estado de guerra generalizado en todo el territorio sublevado.	Matanza en la plaza de toros de Badajoz.	Decreto sobre depuración de funcionarios.

«Hacia las diez un silencio profundo cubrió la cancha donde yacían unos novecientos hombres. Era la calma precursora de la hora de la saca. Pasarían unos treinta minutos cuando oímos el ruido de un motor acompañado del chirrido de los frenos al parar frente a la puerta exterior. Un pelotón de "camisas azules" entró en la cancha por la puerta del fondo, formando en doble fila. El suboficial que dirigía la prisión voceó lentamente de una lista nombre tras nombre...» Patricio Escobal no escuchó el suyo. Como escribió muchos años después en *Las sacas*, él era uno de los civiles hacinados en el frontón Avenida de Logroño, detenido por su condición de ingeniero municipal y militante de Izquierda Republicana. «El ruido del camión al alejarse daba una tranquilidad relativa. Por los negros agujeros de las claraboyas del techo entraba la tristeza de la noche; cientos de ojos se clavaban en aquellos rectángulos, que al perder su negrura traían el sueño para la mayoría de los presos. A cualquier hora de la noche podía reaparecer el camión de la muerte, ¡el 28!, como era llamado allí, pero al amanecer, el crimen huía de la luz.»

El escenario de una guerra total. La guerra civil española es un buen ejemplo de lo que los historiadores llaman «guerra total», un conflicto bélico en el que los contendientes buscan la destrucción completa del enemigo, donde no existe distinción entre beligerantes y no beligerantes, entre soldados uniformados y paisanos desarmados, entre la línea del frente y la retaguardia. Una guerra total que además era una guerra civil, un tipo de conflicto bélico especialmente bárbaro y sanguinario sin apenas espacio para la compasión y la negociación. Los adversarios se conocen muy bien, no son algo ajeno y distante, tienen nombre y rostro, comparten un pasado común, se

13 DE SEPTIEMBRE	1 DE NOVIEMBRE	10 DE ENERO DE 1937
Decreto de ilegalización de partidos y sindicatos.	Procedimiento «sumarísimo de urgencia» para los consejos de guerra.	Creación en cada provincia de una Comisión de Incautación de Bienes.

> **«¿Quiénes son los malos en este pueblo? No los conocemos. Tiene que haberlos.»**
>
> **Miguel de Unamuno,**
> *El resentimiento trágico de la vida,* 1936.

enfrentan sobre un mismo territorio y saben que tendrán que compartirlo en el futuro.

Una guerra civil librada con las armas, los medios y los objetivos de una guerra total en el contexto de una Europa armada hasta los dientes, en las vísperas de un conflicto de carácter mundial. En ese escenario, el peor que cabe imaginar, es posible comprender que después de mil días de combate el número de muertos en el frente, unos 200.000, no se diferenciara mucho de la suma de las víctimas que perdieron su vida de manera violenta en la retaguardia, al menos 180.000. Todas ellas merecen el mismo respeto, su memoria y su dignidad humana deben tener el mismo reconocimiento. Pero, desde el punto de vista histórico, es posible analizar, distinguir y comparar las causas, las circunstancias y los procesos de violencia política que se produjeron en la retaguardia sublevada (130.000 muertos) y las prácticas represivas que se vivieron en la retaguardia republicana (50.000 muertos). Los militares sublevados fueron los primeros responsables de la violencia de la guerra. Y en la zona que dominaron impusieron desde el primer momento un terror extremo que no buscaba solo el control militar del territorio, la seguridad interior de la retaguardia, sino la extirpación del pasado, la eliminación de todo lo que recordara la experiencia republicana.

El *terror caliente*. Más de la mitad de las víctimas de la represión de los sublevados murieron en los dos primeros meses de la guerra, en la oleada sangrienta y homicida del verano de 1936, un porcentaje todavía mucho mayor si se incluyen los meses siguientes, hasta el final del año. El carácter premeditado del terror estaba ya apuntado en los documentos de la conspiración militar y quedó de manifiesto desde

---

26 DE ENERO

Los consejos de guerra sumarísimos se extienden a las «plazas liberadas».

9 DE FEBRERO DE 1939

Ley de Responsabilidades Políticas.

la misma noche del 17 de julio, cuando comenzaron los asesinatos en Marruecos. El golpe debía de ser rápido y alcanzar el poder mediante una violencia extrema que paralizara cualquier intento de resistencia. La decisión de matar marcó un antes y un después en el uso de la violencia. Cuando la guerra todavía no era una guerra, cuando no había frentes estables ni ejércitos definidos, los campos, las cunetas y los barrancos de muchos pueblos y ciudades estaban sembrados de cadáveres. Un paso irreversible. La campaña de limpieza política estaba dirigida desde arriba, desde los cuarteles, los gobiernos civiles y los ayuntamientos. Los directores de la represión contaban con fuerzas paramilitares dispuestas a empuñar las armas, cuadrillas volantes de jóvenes falangistas y requetés, «escuadras de la muerte» encabezadas por individuos con experiencia militar. Y también con la colaboración activa de una parte de la población civil que se prestaba a engrosar las filas de las milicias, a delatar o denunciar a los vecinos o a participar en los actos públicos y las celebraciones.

> **«Cortaron por lo sano, cortaron las cabezas para que no anduviesen los pies. Y entonces meten el resuello en el cuerpo a todo el mundo.»**
>
> **Informante anónimo,** testigo de la violencia del verano de 1936 en La Rioja.

La represión se dirigió primero contra las autoridades políticas republicanas, los dirigentes de los partidos políticos de izquierda y las organizaciones sindicales. Después contra los sectores profesionales, intelectuales, funcionarios y representantes de la administración, con una saña especial hacia los maestros. Y también contra muchos ciudadanos, hombres y mujeres, que no pensaban que estaban en peligro por ser militantes o simpatizantes de un partido, por haber participado en algún acto público republicano o en alguna acción de protesta.

Un ajuste de cuentas con el pasado que era también una inversión de futuro, de la Nueva España que se quería construir. Y siempre con el miedo a la «segunda vuelta».

La violencia de una guerra larga. La rebelión militar desencadenó la violencia. La guerra la alimentó con cada parte, cada represalia por un bombardeo aéreo, cada funeral, cada noticia adversa, cada rumor sobre una matanza en el bando contrario. La alimentaron sobre todo los militares sublevados cuando la guerra rápida, fracasado el asalto a Madrid, se convirtió en una larga guerra de desgaste. Lo dijo Franco en una entrevista concedida en febrero de 1937. En una guerra civil era preferible «una ocupación sistemática de territorio, acompañada por una limpieza necesaria, a una rápida derrota de los ejércitos enemigos que deje el país infectado de adversarios».

El alargamiento de la guerra le permitía a Franco reforzar su poder político y militar al tiempo que las campañas de limpieza política se extendían a las «plazas liberadas». En los primeros meses de 1937 los asesinatos extrajudiciales fueron dejando su sitio a los juicios sumarísimos de urgencia. A las sentencias de muerte de los consejos de guerra que, después de un mero trámite de apariencia legal, terminaban en el pelotón de fusilamiento. Como reconoció muchos años después el propio Ramón Serrano Súñer, ministro de Interior en 1938, se organizó «un sistema que podíamos llamar de «justicia al revés» o de aplicación al revés del Código de Justicia Militar». Los rebeldes juzgaron por rebeldía a los que no se habían rebelado contra el poder legalmente constituido. La eliminación física de los enemigos se acompañó de toda una serie de prácticas represivas que iban desde la depuración, el castigo y el aislamiento hasta la reclusión en el sistema penitenciario o los trabajos forzosos en los campos de concentración. Un anuncio de la maquinaria represiva que el franquismo puso en marcha como elemento fundacional de la dictadura.

FEDERICO GARCÍA LORCA
«Se le vio, caminando entre fusiles / por una calle larga / salir al campo frío.» Fue la madrugada del 18 de agosto de 1936, en Granada. Los versos de Antonio Machado rememoran el asesinato de Federico García Lorca, una de las víctimas más famosas de

la represión franquista. Al estallar el golde de Estado Lorca había dejado Madrid para refugiarse en Granada, en casa de su amigo Luis Rosales, poeta y falangista, donde creía que estaría más seguro. Pero no fue así. El 16 de agosto fue detenido por la Guardia Civil, acusado de ser espía ruso al servicio de Moscú. Nadie se creía esa patraña. Pero la derecha reaccionaria tenía motivos personales y políticos para denunciar a Federico, un simpatizante de la izquierda que había colaborado con organizaciones republicanas y criticado abiertamente al fascismo. Y que además era homosexual.

Al parecer, los captores del poeta pidieron instrucciones a Queipo de Llano: «Dale café, mucho café». Lorca fue asesinado en compañía de un maestro de escuela y dos banderilleros anarquistas en un lugar aún no precisado del nordeste de Granada, entre la localidad de Alfacar y el barranco Víznar, donde según muchos testimonios se ocultan los restos de unas 2.000 víctimas de la guerra civil. En ese lugar existe un monolito sencillo en el que se puede leer: «Lorca eran todos».

La idea en síntesis: un proyecto de limpieza política para exterminar la experiencia republicana.

La violencia en la retaguardia republicana

La violencia homicida de la retaguardia republicana fue también terrible. No fue una mera explosión de ira popular, espontánea y descontrolada. En los partidos de izquierda, los sindicatos obreros y las mismas instituciones estatales hubo muchos responsables de decenas de miles de asesinatos. Pero fue el propio Estado republicano el que frenó y cortó el terror revolucionario. Entre los discursos de Azaña y los de Queipo de Llano había un mundo.

CRONOLOGÍA

22 DE AGOSTO DE 1936	23 DE AGOSTO	24 DE AGOSTO
Ejecuciones en la cárcel Modelo de Madrid.	Creación de los Tribunales Populares en Madrid.	La Generalitat legaliza los Tribunales Populares de Cataluña.

LA VIOLENCIA EN LA RETAGUARDIA REPUBLICANA **65**

«Si los burgueses encarnizadamente explotadores caen exterminados por la santa ira popular, la gente neutral, el pueblo espectador, encuentra una explicación al exterminio (...) La revolución es la revolución, y es de sentido lógico que la revolución comporte derramamiento de sangre.» En el otoño de 1936, el dirigente anarquista Joan Peiró justificaba así la violencia revolucionaria. Pero condenaba el crimen, la destrucción y el pillaje. En Barcelona, durante muchas semanas, no había existido «más ley que la ley del más fuerte. Los hombres han matado porque sí, por matar, porque podían matar impunemente. Y en medio de esta tempestad muchos han sido asesinados (...) por tener resentimientos y cuentas pendientes con quienes han querido liquidarlos en estas circunstancias de impunidad y revuelta». La «ley del más fuerte» acabó también con la vida de Peiró, fusilado por las autoridades franquistas en 1942.

La «justicia popular». En los días posteriores al 18 de julio de 1936 el orden legal se vino abajo, desapareció el monopolio de la violencia que detentaba el Estado y, en su lugar, aparecieron múltiples poderes locales, armados y autónomos, que se adueñaron de las calles. Comenzaron los incendios de edificios religiosos, los controles y las detenciones arbitrarias y también los asesinatos. Las milicias de los partidos y sindicatos de izquierda se emplearon con fervor sangriento contra los «enemigos del pueblo». La violencia revolucionaria tenía que ver, por supuesto, con los conflictos sociales vividos en los meses y años anteriores, con las divisiones entre ideologías, identidades y clases sociales. Pero la guerra inauguró un escenario radicalmente diferente. Las armas se impusieron por encima de las normas legales y la violencia se nutrió del odio, la venganza y la represalia en una espiral de muerte que en el segundo

1 DE SEPTIEMBRE	25 DE SEPTIEMBRE	7 DE NOVIEMBRE
Tribunal Popular Especial en Barcelona para represaliar a los rebeldes.	Asalto a un barco-prisión en Bilbao y matanza de detenidos.	Ejecuciones masivas en Paracuellos del Jarama y Torrejón de Ardoz.

«La justicia del pueblo. No puede haber piedad para nadie.»

Titular del diario *CNT*,
Madrid, 12 de agosto
de 1936

semestre de 1936 causó unos 8.000 asesinatos en Madrid y casi 50.000 en todo el territorio que nominalmente controlaba la República.

En las primeras semanas de la guerra muchos partidos políticos y sindicatos rivalizaron con sus propios escuadrones volantes, comités de vigilancia y cárceles provisionales, las famosas «checas» donde los milicianos, mezclados con delincuentes comunes y criminales, cometieron todo tipo de excesos, robos. Era imposible controlar el poder en armas que en cada barrio ejercían los Ateneos libertarios, las radios comunistas, los cuarteles de las milicias o las casas del pueblo. Durante el verano, era suficiente la denuncia de un vecino como «fascista» para acabar asesinado en un descampado o en la cuneta de una carretera.

Las primeras víctimas fueron los militares detenidos por su participación en la sublevación, como el general Goded en Barcelona y el general Fanjul en Madrid o como cientos de oficiales y guardias civiles en Málaga, Albacete, San Sebastián y otros muchos lugares. Los detenidos eran sacados por la fuerza de las prisiones, centros de detención e incluso hospitales y acribillados a balazos sin ningún formalismo legal. Junto a ellos cayeron también miles de «enemigos de clase»: terratenientes, comerciantes, empresarios, políticos conservadores y notables rurales. «Burgueses» y «personas de orden» que constituían un peligro para la «salud pública». Las columnas de milicianos dejaron un rastro de muerte a su paso. Como escribía horrorizada Simone Weil, que acompañaba a la columna de Durruti en Aragón, «he conocido ese olor de guerra civil, de sangre y de terror».

Las noticias de los reveses de la guerra, los bombardeos y los relatos de las matanzas perpetradas por los rebeldes alimentaron aún más la «ira popular». Así ocurrió en agosto de 1936 en la cárcel Modelo de Madrid, en las «sacas» de presos realizadas en Gijón, Málaga y

4 DE ENERO DE 1937	8 DE MAYO	21 DE JUNIO
El Gobierno sustituye los Comités revolucionarios por consejos municipales.	El Gobierno se hace cargo del orden público en Cataluña.	Andreu Nin, líder del POUM, secuestrado y asesinado por agentes soviéticos.

Cartagena o en los barcos-prisión de Bilbao y Castellón. O en las matanzas cometidas en Paracuellos del Jarama y Torrejón de Ardoz entre el 7 de noviembre y el 3 de diciembre, la mayor barbarie cometida durante la guerra en el territorio republicano.

La ira anticlerical. La Iglesia católica fue uno de los grandes objetivos de la violencia revolucionaria producida en la retaguardia republicana. Era uno de los símbolos más visibles del orden social que se pretendía destruir. El anticlericalismo era una de las señas de identidad de la cultura política del republicanismo y del movimiento obrero. La «tea purificadora» redujo a cenizas cientos de edificios religiosos, con escenas rituales de iconoclastia, actos de secularización y cadáveres exhumados. Y el odio anticlerical no se detuvo en los lugares sagrados y los objetos de culto, porque la persecución de los eclesiásticos fue implacable. A lo largo de la guerra civil fueron asesinados 6.800 clérigos, entre ellos 13 obispos y 283 monjas. El 40 % de las víctimas religiosas cayeron en los dos primeros meses de la contienda, cuando mayor fue el furor anticlerical. En algunos lugares, como las diócesis de Lleida y Tortosa, la matanza se convirtió casi en un exterminio.

> «Solo condenando los excesos propios se pueden condenar los del contrario, solo exponiendo la cruda realidad se tiene derecho a enjuiciar.»
>
> **Jesús de Galíndez,** *Los vascos en el Madrid sitiado,* 1945.

El control de la violencia. En la retaguardia republicana la intensidad de la represión estuvo relacionada con la desaparición del Estado y la existencia de un conglomerado de grupos y poderes armados que competían por el control del espacio urbano y de las comunidades rurales, donde la violencia tenía raíces locales y las identidades políticas y los conflictos sociales precedentes se mezclaban con los móviles privados.

Los grupos de ejecutores autónomos no eran tan «incontrolados» como muchas veces se ha dicho. Las patrullas de «acción» estaban vinculadas a las siglas de los partidos, los sindicatos y los comités locales. Para muchos dirigentes políticos y líderes milicianos la «justicia» sangrienta era un mal menor que había que tolerar e incluso amparar. Y algunas instituciones republicanas, como la Dirección General de Seguridad, colaboraron con ella. Pero no existía, como en el bando sublevado, una estrategia de terror centralizada y dirigida desde arriba. A Manuel Azaña le repugnaba la violencia, los socialistas Indalecio Prieto y Julián Zugazagoitia denunciaron muchas veces los crímenes y el presidente de la Generalitat, Lluís Companys, intentó poner fin a los «actos de terrorismo». En el Madrid sitiado por los sublevados, las acciones humanitarias de los dirigentes del PNV o del anarquista Melchor Rodríguez, inspector especial de prisiones, permitieron salvar la vida de miles de refugiados y detenidos. Nada de eso ocurrió en el territorio rebelde dirigido con mano férrea por Franco.

A finales de 1936, cuando parecía evidente que Madrid resistía, que los frentes se estabilizaban y que la guerra se alargaba, el Estado republicano comenzó a crear un ejército organizado y disciplinario y asumió la tarea de recuperar el control del orden público y poner fin a la orgía de sangre. La reconstrucción de la administración judicial y de las fuerzas policiales fue una tarea compleja y conflictiva. Muchos tribunales actuaron sumariamente, sin las debidas garantías, firmando cientos de condenas a muerte. Y continuaron las represalias y las venganzas, aunque cada vez más aisladas y esporádicas. Los grupos paraestatales perdieron espacio y capacidad de acción de una manera irreversible. El 80 % de las víctimas fallecidas en la retaguardia republicana cayeron en los cinco primeros meses de la guerra. En el resto del conflicto, las retiradas ante el avance de las tropas franquistas provocaron también venganzas sangrientas en el frente Norte, en Aragón y en la caída de Cataluña. Pero las derrotas militares no incrementaron la violencia. Ocurrió precisamente lo contrario.

PARACUELLOS

La memoria del terror «rojo» ha quedado asociada al nombre de Paracuellos del Jarama, una inmensa matanza que ensombreció la causa que defendía la República. En los primeros días de noviembre de 1936 las tropas de los sublevados llegaron a las puertas de Madrid, el Gobierno de la República abandonó la capital y el poder quedó en manos de una Junta de Defensa desbordada por los acontecimientos. ¿Qué había que hacer con los miles de presos, muchos de ellos militares, de las cárceles madrileñas? La respuesta a esa pregunta se encontró en las fosas comunes abiertas en los alrededores de Paracuellos del Jarama y otras localidades cercanas a Madrid. El 7 de noviembre fueron asesinados 1.500 presos. Las «sacas» se repitieron en los días siguientes, de manera intermitente, hasta el 3 de diciembre. En total, cerca de 2.500 víctimas, una carnicería que precisaba una notable organización, que no podían ignorar las autoridades republicanas y que necesariamente implicaba la participación de fuerzas policiales y milicias. No hay un solo responsable, pero es poco probable que la masacre hubiera ocurrido sin el apoyo activo de la CNT y sin la colaboración de los jóvenes comunistas al frente de la Consejería de Orden Público, entre ellos Santiago Carrillo. Y sin el impulso de los consejeros soviéticos y agentes de la NKVD presentes en Madrid, autores también del secuestro y posterior asesinato de Andreu Nin, el dirigente trotskista del POUM, perpetrado en junio de 1937.

La idea en síntesis: no fue una violencia espontánea realizada por elementos incontrolados.

Días de revolución

Milicianos con mono azul y fusil en bandolera, pañuelos rojinegros de la CNT y brazaletes rojos socialistas y comunistas. Control obrero en las fábricas y colectivizaciones en el campo. Tierra y libertad. Los sublevados provocaron lo que tanto temían, la revolución proletaria, el «pueblo en armas» dueño de la calle. Pero el sueño igualitario fue un espejismo de unos meses.

CRONOLOGÍA

21 DE JULIO DE 1936	10 DE AGOSTO	26 DE SEPTIEMBRE
Creación en Barcelona del Comité Central de Milicias Antifascistas.	Decreto de sindicación obligatoria.	La CNT entra en el Gobierno de la Generalitat.

«Han venido y nos han dicho que otros pueblos han colectivizado y que quieren que todo el mundo sea igual.» Ángel Navarro era un pequeño propietario rural de Alloza, un pueblo de Teruel en la retaguardia republicana. Como antiguo militante de la CNT en Barcelona, fue nombrado presidente del comité revolucionario del pueblo. Los grupos de trabajo, formados por parientes y amigos, podían trabajar sus propias tierras pero toda la producción tenía que ser entregada en el almacén de la colectividad. Juan Martínez, un agricultor mediano, reconocía que trabajar en común no era ninguna estupidez, y que «los que antes tenían menos, y había muchos de estos, ahora comían más y mejor». Pero, como subrayaba el director de la escuela local, a los campesinos no les gustaba entregar sus cosechas: «¡Virgen del Pilar! ¿Cuándo vendrán los fascistas?, me dijo uno de ellos. No era la Virgen lo que le preocupaba, sino las aceitunas».

Hacer la revolución. En la primavera de 1936 no había ningún plan revolucionario en España. Fue el fracaso parcial del golpe de Estado contrarrevolucionario, que derribó y fragmentó las estructuras del poder político republicano, lo que abrió la puerta a la temida revolución proletaria. Pero la lógica de la guerra acabó imponiendo la organización estatal y la disciplina militar. La única experiencia revolucionaria, la anarquista-colectivista, sobrevivió durante unos meses, hasta que el Estado recompuso su poder.

En los primeros días de la guerra hacer la revolución era, sobre todo, reclutar y armar a las milicias obreras, derribar los símbolos del orden social tradicional y eliminar al contrario, descubrir y acabar con los «fascistas». Mientras las columnas partían para el frente en la retaguardia el poder quedaba fragmentado entre las distintas patru-

6 DE OCTUBRE	7 DE OCTUBRE	24 DE OCTUBRE
Creación del Consejo de Aragón.	Expropiación de tierras de propietarios participantes en la sublevación.	Decreto de la Generalitat que legaliza el control obrero de las fábricas.

«Primero debemos ganar la guerra y después ya podremos hablar de revolución.»

Francisco Largo Caballero,
presidente del Gobierno,
30 de octubre de 1936.

llas de control y comités de vigilancia creados en cada ciudad y en cada barrio. En Barcelona, la ciudad revolucionaria por excelencia, el Comité Central de Milicias Antifascistas apenas se planteaba la necesidad de organizar y dirigir las relaciones sociales y económicas. La CNT tenía una hegemonía incontestable en Cataluña, pero había también representantes de las milicias socialistas de la UGT, de los trotskistas del POUM y de los comunistas del PSUC.

En medio de la improvisación inicial, se crearon comités obreros que incautaron las fábricas y dirigieron la vida laboral. Pero una cosa era la abolición de la propiedad privada y el control sindical de las empresas y otra bien diferente la organización y planificación de la producción industrial. El idealismo de los militantes anarquistas chocó con la dura realidad de una economía en tiempos de guerra, con el crecimiento de la inflación, el encarecimiento de las subsistencias, el aumento del ritmo de trabajo y la aparición del mercado negro.

Las colectividades rurales. Las columnas de milicianos que ocuparon la mitad oriental de Aragón llevaban consigo la revolución. En todos los pueblos se crearon comités revolucionarios dirigidos por cenetistas que, además de dirigir la limpieza de «fascistas», se apoderaron de los ayuntamientos. El fuego de las hogueras acabó con los registros de la propiedad, los documentos municipales y las imágenes religiosas y los objetos de culto.

Gracias a la fractura de la guerra, y al poder de las armas, por primera vez era posible llevar a la práctica el sueño de una sociedad igualitaria. En un principio, el trabajo colectivo se realizó en las tie-

4 DE NOVIEMBRE	4 DE ENERO DE 1937	4-7 DE MAYO
Cuatro anarquistas ministros en el Gobierno de la República.	Decreto que sustituye a los comités revolucionarios por consejos municipales.	Enfrentamientos violentos en Barcelona.

rras abandonadas o incautadas a los grandes propietarios y en las parcelas de los vecinos que libremente querían formar parte de la colectividad. Pero pronto empezaron los problemas, las coacciones y los abusos de las columnas de milicianos que vivían y se abastecían sobre el terreno. Para los jornaleros y los propietarios muy pobres la colectivización suponía una mejora notable de su nivel de vida. Pero los labradores y propietarios más acomodados veían cómo perdían el control de su producción y quedaban sometidos al control del comité local. La implantación del comunismo libertario encajaba mal en aquellos lugares donde los pequeños explotadores eran mayoritarios y predominaba el modo de producción familiar.

> **«Estamos luchando por el triunfo de la revolución proletaria. La revolución y la guerra son inseparables.»**
>
> **Boletín de Información de la CNT-FAI,** enero de 1937.

La experiencia de la colectivización se puso en práctica en amplias zonas de Castilla-La Mancha (452 colectividades campesinas), el País Valenciano (353), Aragón (306), Andalucía (147), Murcia (122) y Cataluña (95). Una experiencia que iba más allá de los cambios en las relaciones de propiedad, que implicaba la supresión del trabajo asalariado y del dinero, la creación de asambleas populares, la prohibición de los actos religiosos o el cierre de las tabernas. La inversión del orden social tradicional.

A principios de octubre de 1936 los anarquistas crearon el Consejo de Aragón, el intento más firme de organización de la sociedad rural de acuerdo con los principios revolucionarios libertarios. A finales de año el Consejo fue legalizado por el Gobierno y se abrió a la participación de socialistas, comunistas y republicanos. El Consejo administraba la producción y el consumo de 400 municipios, fijaba los salarios y regulaba el uso de la maquinaria agrícola.

11 DE AGOSTO

Decreto de disolución del Consejo de Aragón.

El final de una experiencia. En el otoño de 1936 la CNT de Cataluña abordó la tarea de organizar y coordinar la actuación de sus múltiples comités. Las cosas habían cambiado bastante desde el verano. En los frentes las tropas sublevadas tomaban la iniciativa y en Madrid existía un nuevo gobierno con socialistas y comunistas. Los dirigentes anarcosindicalistas estaban dispuestos a ocupar puestos de responsabilidad para no quedar al margen del poder. A finales del mes de septiembre ocupaban tres consejerías y la dirección del orden público de la Generalitat. En los primeros días de noviembre cuatro de sus principales dirigentes se convertían en ministros de un nuevo gobierno de Largo Caballero. Y antes de terminar el año aceptaban la militarización de las milicias, como declaraba *Solidaridad Obrera*, una «necesidad impuesta por la guerra».

En los primeros meses de 1937 fue cesando la resistencia de algunas columnas y unidades anarquistas que se negaban a aceptar la pérdida de poder que significaba la militarización. Desde el 4 de enero un decreto del Gobierno ordenaba la sustitución de los comités locales revolucionarios por consejos municipales con representación de todas las fuerzas políticas. El Gobierno central recuperaba poder político y control sobre los sectores básicos de la economía y la CNT veía cómo el movimiento revolucionario quedaba detenido.

En agosto de 1937, en medio de notables conflictos y enfrentamientos violentos, se decretó la disolución del Consejo de Aragón y el encarcelamiento de sus dirigentes. Se crearon comisiones gestores que expulsaron a los libertarios del poder local. Las colectividades campesinas quedaron abandonadas a su suerte, condenadas a desaparecer por el empeoramiento de la situación económica, la llamada a filas de nuevos reemplazos y la falta de ayuda técnica y financiera. El punto final lo pusieron las propias tropas de Franco cuando, en los primeros meses de 1938, ocuparon todo el campo aragonés.

Para entonces, los anarquistas más radicales y descontentos, los partidarios de la revolución frente al orden y la disciplina, habían perdido la última batalla, librada en Barcelona en los sucesos violentos de mayo de 1937. Los revolucionarios fueron derrotados en las calles por las propias fuerzas de orden del Estado republicano. Manuel Azaña encargó al socialista Juan Negrín la formación de un nuevo gobierno sin la presencia de las fuerzas sindicales, sin las siglas de la CNT.

BARCELONA, MAYO DE 1937

La violencia vivida en Cataluña en los primeros días de mayo de 1937 fue el desenlace de la crisis interna de la coalición de fuerzas antifascistas, de un clima de enfrentamiento protagonizado por algunos grupos anarquistas que querían ejercer una presión armada para recuperar parte de la influencia política perdida.

Los primeros disparos en Barcelona se produjeron el 3 de mayo, cuando las fuerzas de asalto intentaron ocupar el edificio de la Telefónica situado en la plaza de Cataluña, un símbolo del poder revolucionario de la CNT. El eco de ese primer intercambio de disparos se extendió por toda la ciudad. A un lado estaban las fuerzas de seguridad, apoyadas por socialistas y comunistas. Al otro, los milicianos de la CNT que se habían resistido a la militarización, jóvenes anarquistas de la FAI y militantes del POUM. El día 4 los dirigentes de la CNT en el Gobierno pidieron un alto el fuego y llamaron a la unidad antifascista. Pero los combates en las calles continuaron en las dos jornadas siguientes, hasta que la tarde del día 7 los guardias de asalto llegados desde Valencia acabaron con las últimas resistencias dejando un saldo de más de doscientos muertos y un número más elevado de heridos. El Gobierno ordenó la supresión de los servicios de orden público de la Generalitat y asumió la autoridad militar sobre el territorio catalán.

La idea en síntesis: el incendio revolucionario fue sofocado por el orden republicano.

La Cruzada religiosa

En cuerpo y alma. La Iglesia católica se adhirió a la sublevación militar desde los primeros días, sin reservas. Como escribió entonces José María Pemán, «el humo del incienso y el humo del cañón, que sube hasta las plantas de Dios, son una misma voluntad vertical de afirmar una fe y sobre ella salvar un mundo». La Iglesia fue una víctima de la violencia, pero estuvo también al lado de los verdugos.

CRONOLOGÍA

24 DE JULIO DE 1936	3 DE AGOSTO	7 DE AGOSTO
El Ayuntamiento de Pamplona acuerda la reposición de los crucifijos.	Tres bombas caen sin estallar sobre el templo del Pilar de Zaragoza.	Destrucción del monumento al Sagrado Corazón en el Cerro de los Ángeles.

En el Archivo Parroquial de la iglesia de Santa, en la localidad riojana de Cervera del Río Alhama, se conserva una crónica parroquial escrita entre los años veinte y cuarenta del siglo xx. El párroco anotaba a mano, año tras año, los sucesos más relevantes. Todos los años menos uno. Falta el folio correspondiente al año 1936. Alguien arrancó en su día la hoja pero, por alguna razón, volvió a dejarla dentro del libro, doblada con cuidado. Quizá esa circunstancia tenga que ver con la nota fechada el 2 de septiembre: «fueron fusilados entre Grávalos y el carrascal de Villarroya veintinueve personas de las que se hallaban presas en esta cárcel». Ningún comentario añadido. Unos días después, en el acto de reposición de crucifijos, el sacerdote decía en las escuelas que los que defendían a España «son los que aprendieron el Catecismo; y los que pueblan las cárceles y son sentenciados salen de las filas de los que no lo aprendieron». Antes de acabar el mes, con motivo de la celebración de la liberación del Alcázar de Toledo, el párroco elogiaba en público el heroísmo de los hijos del pueblo que luchaban «por esta Santa Cruzada del Siglo xx».

La reposición de crucifijos. La defensa de la religión católica no era el motivo principal de la rebelión militar. El alzamiento contrarrevolucionario, realizado en el nombre de la patria, quería acabar con las raíces de la democracia republicana y eliminar la amenaza de las organizaciones obreras. Pero al terminar el mes de julio la motivación religiosa había encontrado un lugar preferente en muchas proclamas y discursos, incluso antes de que se difundieran las noticias sobre la violencia anticlerical, los incendios de iglesias y los asesinatos de clérigos.

Las señas de identidad más visibles de los carlistas eran los crucifijos, los escapularios y las medallas religiosas. Los voluntarios apunta-

30 DE SEPTIEMBRE	6 DE DICIEMBRE	22 DE MARZO DE 1937
El obispo Pla y Deniel publica la carta pastoral *Las dos ciudades*.	Orden de incorporación de los capellanes castrenses.	Decreto que declara el carácter festivo del Jueves y Viernes Santos.

«Será nuestro grito el grito de los cruzados: Dios lo quiere. ¡Viva España católica!»

Aniceto Castro Albarrán,
alocución en Inter-Radio
Salamanca, 16 de agosto
de 1936.

dos al Requeté o Falange contaban con la bendición de los párrocos locales. En el mes de agosto el sentimiento de cruzada religiosa empezó a presidir todas las concentraciones, los desfiles, las misas de campaña y las ceremonias fúnebres en honor de los «mártires». Se multiplicaron los rosarios multitudinarios, las salves colectivas y los actos de desagravio por las bombas arrojadas el templo del Pilar en Zaragoza o por la destrucción del monumento al Sagrado Corazón de Jesús en el Cerro de los Ángeles. «¡Dios lo quiere! ¡Santiago y cierra España!», proclamó el arzobispo de Santiago de Compostela. Al comenzar el mes de septiembre el acto más importante vivido en todos los pueblos de la retaguardia sublevada fue la reposición de los crucifijos en las escuelas. Los rituales litúrgicos incorporaron la defensa de la religión como una bandera de guerra situada a la misma altura que la patria amenazada.

El apoyo doctrinal de la Iglesia católica quedó de manifiesto en la carta pastoral publicada en Salamanca por el obispo Enrique Pla y Deniel, *Las dos ciudades*, en donde la rebelión militar se revestía con el manto sagrado de la religión. La guerra surgida en España era «necesaria», era un combate entre los «hijos de Dios» y los «sin Dios», era una «cruzada por la religión, por la patria y por la civilización». El catolicismo servía de base común, de amalgama de las distintas fuerzas políticas y sociales contrarrevolucionarias que no tenía un programa político claro.

La jerarquía eclesiástica apoyó desde el primer momento a Franco, convertido en Caudillo y Santo providencial enviado por Dios, un «cruzado católico» que hacía gala de su religiosidad. Y cuando Franco le pidió personalmente a Isidro Gomá una declaración pública de apoyo el cardenal primado no lo dudó. La *Carta colectiva del Episcopa-*

1 DE JULIO DE 1937	21 DE JULIO	7 DE OCTUBRE
Carta colectiva del Episcopado español a los obispos del mundo entero.	El día del Apóstol Santiago fiesta nacional de España.	La clase de religión, obligatoria en los cursos de bachillerato.

do español a los obispos del mundo entero, fechada el 1 de julio de 1937, justificaba sin reservas el «Movimiento Nacional» impulsado por los militares para impedir una revolución comunista inminente. La Iglesia española había sido una «víctima inocente, pacífica e indefensa». El apoyo de los obispos al «levantamiento cívico-militar» tuvo una amplia resonancia internacional y acercó a la causa de Franco a la opinión pública católica y conservadora de todo el mundo.

«Pregunten a Mosén Millán; él me conoce.»

Ramón J. Sénder,
Réquiem por un campesino español, 1950.

La colaboración en la represión. La Iglesia católica no se limitó a respaldar la causa de los sublevados desde los púlpitos. Los símbolos litúrgicos y las ceremonias rituales funcionaron como un banderín de enganche con una gran capacidad de movilización en las áreas rurales. Y no se puede soslayar, como han recordado tantos testimonios orales, la implicación del clero en las prácticas represivas e incluso en el ejercicio de la violencia. Hubo algunas voces de sacerdotes que invocaron la piedad y la compasión. Y ejemplos de párrocos que en algunos pueblos intentaron frenar el derramamiento de sangre. Pero fueron los menos.

La actitud mayoritaria de los clérigos fue mirar para otro lado y mantener silencio sobre los crímenes que ocurrían a su alrededor. Como anotó el escritor George Bernanos en *Los grandes cementerios bajo la luna*, después de una masacre en el camposanto de Manacor, a las autoridades eclesiásticas mallorquinas «la matanza de esos desgraciados no arrancó una palabra de censura, ni la más mínima reserva». Y hubo muchos casos de religiosos que no se quedaron en esa actitud pasiva, que alentaron y secundaron el terror, que denunciaron a sus convecinos sabiendo cuál iba a ser su fatal destino.

La implicación de la Iglesia en la violencia no terminó cuando remitieron los asesinatos extrajudiciales. El padre Gumersindo de Estella dejó escrito un diario estremecedor, el relato de su experiencia

1 DE ABRIL DE 1939

El papa Pío XII felicita a Franco por su «victoria católica».

como asistente de los condenados a muerte en la prisión de Torrero, en Zaragoza, a partir de junio de 1937. A Gumersindo le repugnaban los asesinatos pero su actitud «contrastaba vivamente con la de otros religiosos, incluso Superiores míos, que se entregaban a un regocijo extraordinario y no sólo aprobaban cuanto ocurría, sino aplaudían y prorrumpían en vivas con frecuencia».

La colaboración de la Iglesia quedó patente en los testimonios de los párrocos locales ante las Comisiones de Incautación de Bienes creadas en enero de 1937, informes que fueron preceptivos en la posterior Ley de Responsabilidades Políticas. La conducta religiosa de cada procesado tenía un gran peso en todos los procesos represivos. El grado de «peligrosidad» de los detenidos podía decidir su futuro, la firma de un aval o un certificado de conducta abrían y cerraban todas las puertas.

Una vez terminada la guerra, la Iglesia católica, que tanto debía a Franco, no realizó ningún gesto público de reconciliación o perdón. Las placas conmemorativas de todas las iglesias recordaron durante décadas a los «caídos por Dios y por España», mantuvieron viva la división entre los vencedores y los vencidos. La Iglesia ocupó un lugar destacado en la Nueva España levantada por el dictador, recuperó sus privilegios tradicionales, el monopolio de la educación, la financiación del Estado y el control moral de la población. Y unos años más tarde, cuando las potencias fascistas fueron derrotadas y cambiaron los vientos, proporcionó al régimen la cobertura católica que necesitaba para distanciarse de su propio pasado y asegurar su supervivencia. La victoria consolidó, durante muchos años, la unión inquebrantable entre la espada y la cruz. El triunfo de la «Ciudad de Dios».

ISIDRO GOMÁ
Isidro Gomá y Tomás, arzobispo de Toledo y cardenal primado de España, fue el dirigente principal de la Iglesia en la guerra civil. En 1940, el año de su muerte, publicó un libro en el que reconocía el papel desempeñado por la Iglesia católica en favor de los sublevados: «ha aportado todo el peso de su prestigio, puesto al servicio de la verdad y la justicia, para el triunfo de la causa nacional». Al comenzar la guerra Gomá se encontraba pasando unos días en Tarazona, la ciudad donde había sido nombrado obispo

en 1927. De allí el cardenal se fue al balneario navarro de Belas-
coain, muy cerca de Pamplona, en contacto permanente con
Salamanca y Burgos, las dos capitales de la España de Franco,
el militar a quien tanto admiraba. Gomá fue el redactor principal
de la Carta Colectiva de los obispos españoles que definía la
guerra civil como un «plebiscito armado». Y a lo largo del conflicto bélico no dejó de alentar la causa santa que defendían los
católicos contra el comunismo. Su actitud no tenía nada que ver
con la de otro cardenal, Vidal i Barraquer, arzobispo de Tarragona, que se negó a firmar la Carta Colectiva y desde Roma abogó
por la paz y la reconciliación.

La idea en síntesis: la Iglesia se identificó desde el primer momento con la rebelión militar.

El Comité de No Intervención

Policy of appeasement, política de apaciguamiento. El contexto internacional de la guerra civil española estuvo determinado por la política de No Intervención apadrinada por las potencias democráticas europeas, Francia y el Reino Unido. El balance de suministros militares y ayudas financieras y materiales fue tan desequilibrado, en favor de los sublevados, que condicionó en parte el resultado final de la contienda, la derrota total de la República.

CRONOLOGÍA

20 DE JULIO DE 1936	25 DE JULIO	15-24 DE AGOSTO
El Gobierno de José Giral pide ayuda militar a Francia.	Léon Blum anuncia su negativa a entregar armas a la República.	Veintisiete estados europeos firman su adhesión al Comité de No Intervención.

El 1937 la revista *Left Review* realizó una encuesta entre los escritores británicos para conocer su opinión sobre la guerra de España. La mayoría de los encuestados se pronunciaron a favor de la causa republicana. Para Stephen Spender si Franco triunfaba «el principio de la democracia habrá recibido un severo golpe, y la perspectiva de una nueva guerra imperialista estará mucho más próxima». W. H. Auden creía que una victoria del fascismo «supondría un importante desastre para Europa y haría más probable una guerra europea». L. Abercrombie concluía que la guerra en España era «crucial para Europa y para la civilización». Todos los testimonios coinciden en subrayar el extraordinario impacto que la guerra civil española causó en la opinión pública británica. Era inevitable que muchos testigos contemporáneos relacionaran el conflicto español con la crisis general de entreguerras y con la deriva de los Estados europeos hacia la segunda guerra mundial. La guerra de España no era una cuestión distante y marginal sino un conflicto de carácter internacional, un ensayo general de la amenaza que se cernía sobre el viejo continente. Una sombría premonición.

El contexto internacional. Cuando el fracaso parcial de la rebelión militar convirtió el golpe de Estado en una guerra civil, los dos bandos contendientes fueron conscientes, desde el primer momento, de que las armas y municiones existentes en España apenas eran suficientes para unos días de combate. No existía una industria militar de tal nombre ni capacidad para emprender las operaciones de envergadura que eran propias de la guerra moderna. Como escribía Manuel Azaña desde Francia a mediados de 1939, consumada la derrota de la República, si una barrera «sanitaria» se hubiera extendido a lo largo de las fronteras y costas españolas en pocos días los españoles se habrían

9 DE SEPTIEMBRE	**25 DE SEPTIEMBRE**	**23 DE OCTUBRE**
Constitución en Londres del Comité de No Intervención.	La República denuncia en la Sociedad de Naciones la intervención italoalemana.	La URSS anuncia su ayuda militar a la República.

«La guerra civil ha dejado de ser un asunto interno español y se ha convertido en un campo de batalla internacional.»

Anthony Eden, secretario del Foreign Office británico, 8 de enero de 1937.

quedado «sin armas ni municiones para guerrear, y como no iban a pelearse a puñetazos, hubieran tenido que (...) hacer las paces». Pero el Comité de No Intervención no fue esa barrera sanitaria que pedía el presidente republicano. Hacían falta armas para matar y armas no faltaron en España, aunque llegaran de una manera muy desigual.

Las peticiones de ayuda militar de la República se hicieron oír desde el primer día. El 20 de julio de 1936 el Gobierno de José Giral solicitó la colaboración militar de Francia. En un primer momento, el gobierno socialista de Léon Blum mostró su disposición a ayudar de manera modesta y discreta a los republicanos. Pero muy pronto, ante la amenaza de una posible revolución en suelo español, las fuerzas conservadoras francesas mostraron su rechazo total al envío de material bélico. La misma actitud mostrada por el gobierno del Reino Unido, decidido partidario de mantener una política de «apaciguamiento» respecto a las ambiciones exteriores de los regímenes fascistas de Italia y Alemania. Además, para las autoridades británicas era mucho mejor un gobierno de orden en España, que garantizara sus intereses económicos y la soberanía de Gibraltar, que una hipotética revolución comunista.

Un pacto falseado. A finales del mes de julio de 1936 Francia declaró su compromiso firme de no enviar armas a España y asumió la iniciativa diplomática de poner en marcha un Acuerdo de No Intervención. En la segunda mitad de agosto uno a uno, todos los países europeos, salvo Suiza, fueron firmando el compromiso de impulsar y mantener un embargo colectivo de armas. En la firma del acuerdo estaban representados los tres bloques principales del escenario europeo, las de-

20 DE ABRIL DE 1937	**16 DE MARZO DE 1938**	**13 DE JUNIO**
Entra en vigor el plan de control de fronteras y costas españolas.	Apertura temporal de la frontera francesa para el paso de armas soviéticas.	Cierre de la frontera pirenaica.

mocracias occidentales (Francia y el Reino Unido), las potencias fascistas (Italia y Alemania) y el gigante soviético (la URSS), cada uno jugando sus propios intereses. El 9 de septiembre de 1936 se creó en Londres un Comité encargado de vigilar el cumplimiento del Acuerdo de No Intervención. Pero pronto quedó demostrado que había tres países, Italia, Alemania y Portugal, que no tenían ninguna intención real de respetar el compromiso firmado. Y también que ni Francia ni el Reino Unido iban a tomar medidas efectivas para impedirlo.

A lo largo del otoño, mientras Franco recibía regularmente envíos de Hitler y de Mussolini, la República apenas podía contar con la pequeña ayuda suministrada por México y con el mercado negro de armas. Pero las cosas cambiaron cuando a finales del mes de octubre la URSS anunció que su respeto al Acuerdo de No Intervención no iba a ser mayor que el de las potencias que lo incumplían. El envío de armas y asesores y el reclutamiento de brigadistas internacionales aliviaron la soledad de la República y permitieron su resistencia.

> **«España tiene a su cargo el desdichado papel de constituir el reñidero de Europa.»**
>
> **Geoffrey Thompson,**
> encargado de Negocios en
> España del Foreign Officce,
> 11 de enero de 1938.

La evolución del conflicto. A comienzos de 1937 la guerra civil española era claramente un conflicto de dimensiones internacionales. El gobierno británico propuso al Comité de No Intervención la creación de un sistema de control de las fronteras y costas españolas para supervisar los barcos mercantes extranjeros e impedir la entrada de voluntarios en España. Durante la primavera de ese año parecía que la No Intervención podía convertirse en una realidad, pero en el mes de junio primero Alemania y luego Italia, unidas en el Eje Roma-Berlín, anunciaron su retirada del Comité. Los diplomáticos británicos intentaron recomponer el acuerdo inicial pero se imponía la realidad.

5 DE JULIO	**27 DE SEPTIEMBRE**	**27 DE FEBRERO DE 1939**
El Comité aprueba un plan de retirada de voluntarios extranjeros.	Conferencia de Múnich.	El Reino Unido y Francia reconocen formalmente al gobierno franquista.

La No Intervención era una declaración formal meramente retórica y el sistema de control naval y terrestre estaba paralizado. El embargo oficial de armas era una fachada que escondía la realidad de una guerra que se libraba también en las cancillerías y los despachos ministeriales de las capitales europeas.

En 1938 el conflicto civil español quedó en un segundo plano frente a la tensión política provocada por el expansionismo alemán en Europa central. En su única reunión anual, el Comité de No Intervención acordó en el mes de julio un plan de retirada «sustancial» de al menos diez mil voluntarios extranjeros de cada bando contendiente. El plan perjudicaba claramente a la República, que contaba con unos 35.000 brigadistas internacionales y unos 2.000 asesores soviéticos, y beneficiaba el ejército franquista, engrosado con más de 70.000 soldados italianos y casi 20.000 alemanes. Aun así, el Gobierno republicano pensaba que la aceptación del plan podía ser un paso previo para lograr una negociación internacional que impidiera la derrota incondicional.

Pero cualquier vía de mediación quedó cerrada en septiembre de 1938, cuando las potencias democráticas aceptaron en la Conferencia de Múnich la ocupación alemana de una parte de Checoslovaquia. A partir de ese momento todos los países europeos daban por hecha la victoria militar franquista. El Gobierno británico rezaba porque fuera rápida, deseaba poner fin a la «cuestión española», un obstáculo en su política de acercamiento diplomático a Italia. La inhibición de las potencias democráticas europeas ayudó a la derrota total de la República española, pero no impidió la confrontación final con el Eje Roma-Berlín. Como escribió en octubre de 1939 el diplomático británico Robert Vansittart, de la «farsa partidista de la No Intervención no podía esperarse un resultado distinto del que ahora contemplamos». El sacrificio de España no preservó la paz continental.

ESTADOS UNIDOS Y LA GUERRA DE ESPAÑA

Durante la guerra civil española el Gobierno de Estados Unidos mantuvo una actitud similar a la de las potencias democráticas europeas, partidarias de la No Intervención. El presidente norteamericano, Franklin Delano Roosevelt, prohibió la venta de armas a la República. Su postura, inflexible a lo largo de la contienda, respondía a las presiones internas de los sectores católicos y anticomunistas de Washington y al deseo de mantener una política exterior cercana al Reino Unido, sin empeorar las relaciones con Alemania e Italia.

La neutralidad gubernamental contrastaba con un amplio movimiento, dentro de la opinión pública norteamericana, favorable a la causa de la República española. A España llegaron los casi 3.000 voluntarios del Batallón Abraham Lincoln y el equipo de médicos, enfermeras y conductores de ambulancias dirigido por el cirujano Edward Barsky. En Estados Unidos se crearon más de treinta organizaciones políticas y humanitarias de ayuda a los republicanos españoles. Destacaron nombres propios como el escritor Ernest Hemingway, el fotógrafo Robert Capa o los periodistas Jay Allen y Louis Fischer. También las gestiones del embajador de Washington en España, Claude Bowers, e incluso las simpatías republicanas de la primera dama, Eleanor Roosevelt, que no pudo cambiar la política de su marido. Una neutralidad oficial que, en el fondo, ayudaba al aislamiento internacional de la República y a su derrota final.

La idea en síntesis: la inhibición de las democracias fue una de las causas de la derrota de la República.

Alemania

La sombra de la esvástica del Tercer Reich planeó sobre los cielos de España durante toda la guerra civil. La contienda española fue uno de los episodios finales de la crisis de la Europa de entreguerras, uno de los acontecimientos de desembocaron en el estallido de la segunda guerra mundial. En 1936 la principal amenaza para la frágil paz europea era la agresiva y beligerante política exterior impulsada por las potencias fascistas, la Italia de Mussolini y, sobre todo, la Alemania de Hitler.

CRONOLOGÍA

25 DE JULIO DE 1936	28 DE JULIO	4 DE AGOSTO
Hitler acepta ayudar a Franco.	Primer avión alemán que sobrevuela el Estrecho.	Reunión del almirante alemán Canaris y el general italiano Roatta.

Unternehmen Feuerzauer, Operación Fuego Mágico. El 25 de julio de 1936 Hitler estaba en Bayreuth, donde asistía al Festival de Wagner. Esa tarde, por mediación de su brazo derecho, Rudolf Hess, el *Führer* accedió a recibir personalmente a Bernhardt y Langenheim, los dos agentes alemanes enviados por Franco para pedir ayuda a la Alemania nazi. La lista de peticiones no era muy larga, diez aviones de transporte, cinco de caza, ametralladoras antiaéreas y otros materiales menores. Lo más importante eran los aviones de transporte, necesarios para poder cruzar a la Península las tropas sublevadas en Marruecos. Hitler aceptó la petición de Franco movido sobre todo por razones ideológicas y estratégicas. El día 28 de julio los representantes alemanes aterrizaban en Tetuán en un avión que, una vez retirados los distintivos de nacionalidad, realizaba el primer vuelo de transporte de tropas a Sevilla. La ayuda de Hitler en un principio no parecía gran cosa. Pero fue decisiva para que la rebelión militar se convirtiera en una guerra civil, encumbró a Franco como líder de los sublevados y, a la postre, cambió el curso de la historia de España.

Armas y municiones. La ayuda inicial del Tercer Reich tuvo un carácter limitado y encubierto. Los alemanes inventaron una empresa, la Hispano-Marroquí de Transportes (HISMA), encargada del envío y entrega de los suministros militares. El día 29 de julio de 1936 Hitler mandó a España 20 aviones de bombardeo y seis de caza. Unas semanas más tarde, antes de terminar el mes de agosto, había 41 aparatos alemanes operando entre Marruecos y el Sur de la Península, sirviendo de puente para miles de soldados.

Para Alemania, la guerra en España era una oportunidad política que no podía desaprovechar. El triunfo de los militares golpistas de-

7 DE NOVIEMBRE	18 DE NOVIEMBRE	3 DE MARZO DE 1937
El primer contingente de la Legión Cóndor sale de Alemania.	Alemania reconoce oficialmente al Gobierno de Franco.	El embajador alemán se presenta ante Franco.

«Los rojos huyen de los aviones alemanes.»

Diario de guerra del barón Wolfram von Richthofen, 6 de diciembre de 1936.

jaría a Francia sin un aliado importante al sur del continente, un hecho importante de cara a una futura guerra europea, que Hitler juzgaba inevitable. A esta motivación inicial, de carácter geoestratégico, se añadieron posteriormente otras de índole militar y económica. Los planes alemanes de rearme militar podían contar con los minerales españoles, cientos de miles de toneladas de piritas y de mineral de hierro. Y el teatro de operaciones español pasó a ser un buen campo de experimentación de nuevas armas y tácticas.

La participación alemana en la guerra civil española dio un salto adelante a partir del mes de octubre de 1936, cuando Stalin decidió apoyar militarmente a la República española. La implicación soviética en la guerra fue la excusa que necesitaba Hitler, que contaba con la retracción de Francia y el Reino Unido, para aumentar de manera abierta la ayuda prestada a Franco, algo que ya entraba en sus planes anteriores. Ni Berlín ni Roma iban a permitir otro final de la guerra española que no fuera el triunfo de los sublevados. Y para ello estaban dispuestos a comprometer el envío regular de grandes cantidades de material bélico. Y también a participar directamente en las operaciones militares con unidades propias, no sujetas al mando de los militares franquistas, a los que tachaban de ineficaces.

La Legión Cóndor. En los primeros días de noviembre comenzaron a llegar los aviones y hombres de una unidad aérea que se hizo famosa en el transcurso de la guerra, la Legión Cóndor. Entre esas fechas y marzo de 1937 llegaron 70 expediciones marítimas con material de guerra alemán a los puertos de Vigo, Cádiz y Sevilla.

La Legión Cóndor era una toda una novedad. Una fuerza autónoma y moderna, basada en la capacidad de movimiento y destrucción de los nuevos cazas y bombardeos de la industria militar del Tercer Reich. La apuesta alemana era clara desde el principio. A lo largo del

31 DE MARZO	26 DE ABRIL DE 1937	13 DE MARZO DE 1938
La flota alemana bombardea Almería.	La Legión Cóndor bombardea Guernica.	Las tropas alemanas invaden Austria. El *Anschluss*.

mes de noviembre llegaron a España casi 4.000 militares y un centenar de aviones. Una vez desplegada, la Legión Cóndor llegó a contar con una fuerza estable de 140 aviones y unos 6.000 hombres entre aviadores, artilleros, tanquistas, instructores y personal auxiliar, con varias unidades auxiliares de cañones antiaéreos, antitanques y ametralladoras pesadas y dos batallones de tanques. A lo largo de la guerra llegaron a España 750 aviones y unos 19.000 militares profesionales. La rotación frecuente de material bélico y de hombres se debía al carácter experimental de la unidad aérea alemana, un excelente

> **«Franco tenía que haber erigido un monumento a la gloria de los Junkers 52.»**
>
> Declaraciones de Adolf Hitler, 1942.

campo de ensayos para la Luftwaffe, que pudo adiestrar a sus pilotos y probar los nuevos modelos de cazas y bombarderos. La Legión Cóndor participó en todos los frentes y en prácticamente todas las batallas libradas en la guerra. En la batalla de Madrid los aviones alemanes llevaron a cabo la primera operación de bombardeo específico de una gran ciudad. Pero su acción más trágica, sin duda alguna, fue el bombardeo masivo de Guernica realizado en abril de 1937, un ensayo de los efectos psicológicos que producía el terror sobre la población civil, una prueba del carácter despiadado de la guerra total.

La Legión Cóndor estuvo dirigida por jefes alemanes prestigiosos como Hugo Sperrle, Hellmuth Wolkmann o el barón Wolfram von Richthofen, primo del Barón Rojo, el héroe de la aviación alemana de la Gran Guerra. En febrero de 1939, en la caída de Cataluña, al ver a las tropas republicanas cruzar desarmadas los pasos fronterizos de Francia el barón Von Richthofen afirmaba en su diario de guerra que «las armas alemanas han desempeñado un papel decisivo en esta victoria». El aviador alemán, que llegaría a ser mariscal en la segunda guerra mundial, recordaba a los camaradas que habían dado sus vidas «para que la epidemia roja sea destruida y por la paz y el honor de nuestra Patria».

29 DE SEPTIEMBRE	**16 DE NOVIEMBRE**	**27 DE MARZO DE 1939**
Pacto de Múnich.	Concesiones mineras del Gobierno de Burgos a Alemania.	Franco firma el pacto anti-Comintern.

Los aviones alemanes participaron también en el desfile de la Victoria de Franco. El 6 de junio de 1939 Hitler recibió en Berlín a los componentes de la Legión Cóndor en un desfile triunfal que auguraba el inicio de la segunda guerra mundial. Un año después el *Führer* paseaba por París y Europa se rendía a sus pies. Casi en las mismas fechas Franco pasaba de la neutralidad a la «no beligerancia» y enviaba emisarios a Hitler para mostrar su deseo de entrar en la guerra al lado del Eje. Eso sí, imponiendo como condiciones la entrega de una gran cantidad de armas y material bélico y la concesión de un área de expansión territorial en el Norte de África que chocaba con las posesiones francesas. El 23 de octubre de 1940 Franco y Hitler negociaban en Hendaya las condiciones del acuerdo. Para los técnicos alemanes las peticiones españolas eran desorbitadas y su posible contribución militar muy limitada. El 12 de febrero de 1941 Franco se reunió con Mussolini en Bordighera, donde repitió su compromiso con el Eje. En junio Alemania invadía la Unión Soviética y Serrano Súñer llamaba a los jóvenes falangistas a continuar la guerra: «¡Rusia es culpable! ¡Culpable de nuestra guerra civil!».

LOS «VIRIATOS» DE PORTUGAL

Además de la ayuda alemana e italiana, Franco contó desde el primer momento con el apoyo de Portugal. Los soldados portugueses que lucharon en las filas del Ejército de Franco se llamaron «viriatos» en recuerdo del líder lusitano Viriato. Aunque tenían la consideración oficial de voluntarios en realidad constituían un cuerpo expedicionario reclutado y sostenido desde Portugal. La participación de los combatientes portugueses en las operaciones militares, repartidos entre las unidades españolas, no fue muy relevante. Hay autores que hablan de 4.000 soldados y hay quien eleva su número hasta los 10.000, una cifra probablemente exagerada.

6 DE JUNIO DE 1939

Desfile de la Legión Cóndor
ante Hitler en Berlín.

Pero la ayuda humana no fue la única que los sublevados españoles recibieron de Portugal. En el país vecino existía un régimen dictatorial desde 1926, encabezado por Oliveira Salazar a partir de 1932. Para el *Estado Novo* portugués el régimen republicano español era una amenaza a su seguridad, una posible vía de contagio revolucionario. Por eso, en el verano de 1936 Salazar no dudó a la hora de apoyar política y diplomáticamente a los militares rebeldes. Portugal fue una base estratégica importante. En un principio permitió la comunicación entre la zona Norte controlada por Mola y las tropas de Franco que avanzaban desde el Sur. Además, Portugal se convirtió en la vía de transporte por la que llegaron armas y suministros enviados desde Alemania y otros países.

La idea en síntesis: la superioridad de la ayuda militar fascista fue abrumadora.

Italia

El sueño de Mussolini era la recreación del *Mare Nostrum* de la Roma imperial. Para lograr su triunfo en España no bastaban unos cuantos aviones y un puñado de camisas negras. Había que llevar al reñidero español un auténtico ejército, el *Corpo Truppe Volontarie*. La euforia de Málaga, el desastre de Guadalajara, el honor de Santander, la vida en la retaguardia franquista o las bombas sobre Barcelona que presagiaban la hecatombe mundial que se avecinaba.

CRONOLOGÍA

1 DE JULIO DE 1936	30 DE JULIO	18 DE NOVIEMBRE
Emisarios monárquicos compran en Roma material militar.	Italia envía los primeros aviones a Marruecos.	Italia reconoce oficialmente al Gobierno de Franco.

«¡Oh, Roma, Roma antigua, sus hijos últimos vinieron a España!»

El 10 de mayo de 1939, terminada la guerra civil con la victoria franquista, el Gobierno de Burgos organizó un gran acto de homenaje y despedida al cuerpo expedicionario italiano. Después de una misa de campaña y un vistoso desfile militar, brazos en alto y banderas al viento, tomó la palabra Ramón Serrano Súñer para explicar que ni a los italianos ni a los buenos españoles les guiaba un «propósito agresivo». Se alzaron en armas «para cumplir una vez más con su deber, perpetuamente servido, de mantener el decoro, la libertad, esenciales de España», para combatir contra la «Rusia bárbara y criminal» que pretendía hundir «nuestra mediterránea y cristiana civilización». A España le había cabido, continuaba hablando el cuñado del Generalísimo, el «honroso y glorioso privilegio» de que esa gran lucha se decidiera «en nuestra carne y en nuestro suelo». La victoria se había impuesto «a golpes de bayoneta» y llegaba el momento de recoger la cosecha «de este grandioso sacrificio de la guerra».

Mussolini contra la República. La participación italiana en el conflicto bélico español no fue una sorpresa. Mussolini no había ocultado su malestar por el inicio de la Segunda República española. Y desde el primer momento mostró su disposición a apoyar a los conspiradores que llamaban a su puerta. En marzo de 1934 firmó un acuerdo con el monárquico Antonio Goicoechea, dirigente de Renovación Española, y financió las actividades de la Falange de José Antonio Primo de Rivera. Los contactos con los monárquicos se intensificaron en la primavera de 1936, cuando avanzaba la trama de la conspiración militar. El 1 de julio Pedro Sáinz Rodríguez cerró en Roma varios contratos de compra de material de guerra destinado a los insurgentes.

A las gestiones de los monárquicos se sumaron las que encabezó el

28 DE NOVIEMBRE	6 DE DICIEMBRE	22 DE DICIEMBRE
Franco y Mussolini firman un tratado de amistad y cooperación.	Mussolini crea el *Ufficio Spagna*.	Desembarcan en Cádiz los primeros camisas negras italianos.

«Cuando acabe con lo de España pensaré en otra cosa. El carácter del pueblo italiano ha sido modelado para pensar en grandes empresas.»

Benito Mussolini,
declaración reproducida por
su cuñado Galeazzo Ciano,
Diarios, 1937-1943.

propio general Franco desde Teután, una vez comenzada la rebelión. La decisión la tomó el propio *Duce*, el 28 de julio, conocida la actitud intervencionista de Hitler y la pasividad mostrada por las potencias democráticas. Dos días más tarde partieron hacia Marruecos 12 aviones enviados por la Italia fascista. Antes de terminar el mes de agosto la ayuda militar recibida por Franco sumaba ya 48 aviones y una dotación importante de ametralladoras, cañones, municiones y gasolina.

En octubre de 1936 el contexto internacional de la guerra civil dio un giro notable. Ante la pasividad de las potencias democráticas occidentales, parapetadas detrás de la farsa del Comité de No Intervención, y la determinación de la URSS de ayudar militarmente a la República, Mussolini decidió aumentar su presencia en España de una manera inimaginable unos meses atrás. El 28 de noviembre Franco y Mussolini firmaron un acuerdo secreto que iba más allá de la amistad y la cooperación diplomática. A partir de ese momento los dirigentes fascistas italianos empezaron a organizar el envío de un ejército expedicionario, el *Corpo Truppe Volontarie* (CTV), dirigido sucesivamente por los generales Mario Roatta, Ettore Bastico, Mario Berti y Gastone Gambara.

El *Corpo Truppe Volontarie.* En enero de 1937 llegó a los puertos controlados por los sublevados el grueso del cuerpo expedicionario italiano. El CTV contaba de manera estable con unos 40.000 combatientes. A lo largo de la guerra pasaron por España 43.000 soldados

8 DE FEBRERO DE 1937	3 DE MARZO	8 DE MARZO
Las tropas italianas entran en Málaga.	El embajador italiano presenta sus credenciales ante Franco.	Tropas italianas comienzan la batalla de Guadalajara.

del Ejército, 29.000 pertenecientes a la Milicia y otros 5.000 hombres, al menos, de la *Aviazione Legionaria*. En total 78.474 soldados, una cifra bien conocida por la documentación oficial del *Ufficio Spagna*, el organismo creado por el régimen italiano para coordinar la ayuda militar prestada a España.

Mussolini quería llevar a cabo una empresa militar rápida, una campaña arrolladora que elevara su prestigio como potencia mediterránea, una cadena de éxitos sobre objetivos decisivos que recordara la gloria de las conquistas imperiales los legionarios romanos. Para ello, el *Duce* necesitaba que las tropas italianas actuaran como un ejército independiente, algo que molestaba a Franco, partidario de que los regimientos italianos se integrasen en su ejército. La estrategia italiana de la guerra «di rapido corso» tomó bríos en febrero de 1937, cuando las tropas fascistas entraron en Málaga. Pero un mes más tarde llegó el sonoro fracaso de batalla de Guadalajara. En unos días la ofensiva italiana se convirtió en una retirada bochornosa que dejó, entre la opinión pública nacionalista, una imagen imborrable de cobardía y falta de ardor guerrero.

La batalla de Guadalajara fue un antes y un después. A partir de ese momento, las divisiones italianas actuaron formando parte de cuerpos de ejército compuestos por soldados españoles, a las órdenes de generales españoles. Y se impuso la estrategia militar de Franco, conquistar España palmo a palmo, aun a costa de largas batallas de desgaste, para destruir físicamente toda oposición. En la primavera de 1937 las tropas italianas combatieron en el frente Norte. El CTV participó en el asalto al cinturón de hierro de Bilbao, protagonizó la conquista del puerto del Escudo y, antes de acabar el mes de agosto

> «Los italianos pobres, para escapar del hambre y la pobreza, habían ido a luchar contra los pobres españoles.»
>
> **Leonardo Sciascia,**
> *Ore di Spagna,* 1989.

31 DE MARZO — La aviación italiana bombardea Durango.

26 DE AGOSTO — Tropas italianas entran en Santander.

16-17 DE MARZO DE 1938 — Bombardeo masivo italiano sobre Barcelona.

entró en Santander, una victoria que la prensa italiana presentó como propia.

Bombas para una guerra total. Los aviones de la *Aviazione Legionaria* italiana ensayaron también el bombardeo masivo sobre la población civil. Lo hicieron en el frente Norte, en Durango, en la primavera de 1937. Y lo repitieron un año más tarde en Barcelona. El conde Ciano escribió en su diario que Mussolini creía que los bombardeos continuados eran «útiles para doblegar la moral de los rojos». Escribió también, que el *Duce* estaba contento por la condena internacional de la masacre provocada por las bombas italianas: «satisfecho por el hecho de que los italianos consigan suscitar horror por su agresividad en vez de complacencia por sus mandolinas. Esto, a su modo de ver, hace que los alemanes nos tengan mayor consideración, puesto que gustan de la guerra total y despiadada». La contienda española era un ensayo de esa guerra que iba a desangrar Europa. Ni el conde Ciano ni Mussolini sobrevivieron a la barbarie que habían ayudado a crear.

LOS CAMISAS NEGRAS

Los camisas negras fascistas, *camicie nere*, nacieron en 1919 como escuadras de acción paramilitares acaudilladas por Benito Mussolini. En 1923 los camisas negras quedaron encuadrados en la *Milizia Volontaria per la Sicurezza Nazionale*, una organización fascista reconocida dentro del Estado.

El cuerpo expedicionario desplazado a España a finales de 1936 estaba formado en parte por camisas negras voluntarios, con una edad media de treinta años. La mayoría procedía de la Italia meridional. Es posible que muchos llegaran a España atraídos por el aumento de sueldo, las posibilidades de ascenso, el deseo de combatir al comunismo o la búsqueda de aventura. Pero seguramente pesaban más las necesidades económicas,

10 DE MAYO DE 1939

Ceremonia de despedida de las tropas italianas en España.

las presiones de las autoridades fascistas de sus lugares de origen y los problemas de adaptación social. Una cuarta parte de los camisas negras tenía antecedentes penales.

Junto a las unidades de milicianos había divisiones del ejército regular italiano. Los hombres de la División Littorio, con una edad media de 27 años, habían sido reclutados en fechas tardías. Muchos creían que iban a desempeñar servicios de guardia en África o, en todo caso, tareas auxiliares lejos del combate. Un mes antes de su llegada un buen número de ellos había estado trabajando como extras en la película *Scipione l'Africano*. Desde luego, no parece que la guerra despertara en ellos un gran ardor guerrero. El general Roatta señaló que uno de los defectos más importantes de sus tropas era «el no odiar al enemigo». El mismo Mussolini tuvo que reconocer la dificultad de elevar el «espíritu militar» con soldados desmotivados que no sentían que estaban defendiendo sus propios hogares.

La idea en síntesis: la victoria de Franco no se comprende sin la ayuda de Mussolini y de Hitler.

Franco

Se llamaba Francisco Paulino Hermenegildo Teódulo Franco Bahamonde. En el otoño de 1936 se convirtió en Generalísimo y jefe de Gobierno del Estado. La fuerza de las armas le dio un poder absoluto que retuvo en sus manos durante los siguientes 39 años, hasta el momento de su muerte. Una larguísima dictadura nacida y sostenida por la violencia, excluyente y antidemocrática. Franco fue uno de los personajes más destacados de la historia del siglo xx, por desgracia para España.

CRONOLOGÍA

1892	1907	1912
Nacimiento de Franco en Ferrol.	Ingreso en la Academia Militar de Toledo.	Teniente en Marruecos.

El lunes 28 de septiembre de 1936 el general Cabanellas firmó el decreto que nombraba a Franco Jefe de Gobierno y Generalísimo de los Ejércitos de Tierra, Mar y Aire.

Ese día, los generales y jefes militares que componían la Junta de Defensa Nacional se habían reunido en un aeródromo de Salamanca. Allí, Queipo de Llano y Mola aceptaron el nombramiento de Franco. Años más tarde, el general Kindelán recordaba las palabras premonitorias pronunciadas por Cabanellas: «Ustedes no saben lo que han hecho, porque no lo conocen como yo, que lo tuve a mis órdenes en el Ejército de África como jefe de una de las unidades de la columna a mi mando; y si, como quieren, va a dársele en estos momentos España, va a creerse que es suya y no dejará que nadie lo sustituya en la guerra ni después de ella, hasta su muerte».

El general que vino de África. A finales de 1938 Franco confesaba que los años pasados en África vivían en él «con indecible fuerza. Allí nació la posibilidad de rescate de la España grande. Allí se fundó el ideal que hoy nos redime. Sin África, yo apenas puedo explicarme a mí mismo». Tenía razón. Franco había nacido en Ferrol en 1892, el segundo hijo de una familia modesta ligada a la Marina. En 1907 entró en la Academia de Infantería de Toledo. En 1912 ya estaba en el Norte de Marruecos, en el territorio del Protectorado español. Y allí continuaría, salvo un corto destino en Oviedo, hasta 1926. Durante esos años realizó una carrera militar fulgurante gracias a los ascensos conseguidos por méritos de guerra. En 1920 se incorporó a la Legión, una fuerza de choque famosa por su valor temerario y por la brutalidad y crueldad de sus acciones. En 1926 alcanzó el grado de general de brigada, el más joven de Europa, con apenas 33 años de edad.

1926	1928	1934
Ascenso a general de brigada.	Director de la Academia Militar de Zaragoza.	Ascenso a general de división. Dirige la represión en Asturias.

> **«Caudillo de la nueva Reconquista / Señor de España que en su fe renace.»**
>
> Manuel Machado,
> *Horas de oro,* 1938.

Franco destacó por su arrojo y serenidad en el combate. No era un buen estratega pero sí un eficiente jefe de columna, capaz de mantener una disciplina férrea. Un oficial valeroso y competente pero también inflexible en los castigos y despiadado frente al enemigo. La experiencia en Marruecos convirtió a Franco en un ejemplo claro de militar africanista, con unas convicciones políticas muy primarias: un nacionalismo español reaccionario, la hostilidad hacia el sistema parlamentario, la fe en el Ejército como encarnación de la patria y garante del orden y la unidad nacional, la exaltación de los valores castrenses (obediencia, jerarquía y disciplina) y una ideología basada en el antiliberalismo, el odio feroz al comunismo y la obsesión contra la masonería.

Un militar rebelde. En abril de 1931, cuando se instauró la Segunda República, Franco era director de la Academia Militar de Zaragoza, una institución que el Gobierno republicano cerró unos meses más tarde. La hostilidad de Franco hacia la República no era un secreto, pero no quiso involucrarse en la conspiración militar de Sanjurjo. Su protagonismo llegaría después del triunfo electoral conseguido por las derechas. En marzo de 1934 Franco alcanzó el grado de general de división. En octubre, el Gobierno del Partido Radical le encargó la dirección de la represión del movimiento revolucionario de Asturias, cometido que desempeñó como si fuera una campaña colonial más. En febrero de 1935 fue nombrado jefe del Ejército de África y tres meses más tarde, con Gil Robles en la cartera de Guerra, jefe del Estado Mayor Central.

En febrero de 1936, en el momento del triunfo del Frente Popular, Franco estaba en la cúspide de su carrera militar. Desde allí intentó, sin éxito, que el Gobierno declarara el estado de guerra. En los

1935	18-19 DE JULIO DE 1936	25-28 DE JULIO
Jefe del Estado Mayor Central.	Franco declara el estado de guerra en Canarias y encabeza la rebelión en África.	Apoyo militar de Hitler y Mussolini.

meses siguientes, relegado por el Gobierno de Azaña a la comandancia de Canarias, participó en la conspiración militar dirigida por Mola aunque mostró una actitud cautelosa y ambigua. Las dudas se disiparon el 18 de julio. Franco declaró el estado de guerra en el archipiélago canario y voló a Marruecos para ponerse al frente del ejército de África. Y a partir de ese momento actuó con total determinación, imponiendo el terror en el territorio conquistado.

> ## «Yo soy el centinela que nunca se releva.»
>
> **Francisco Franco,**
> discurso en el Museo del
> Ejército, 1946.

El rápido ascenso de Franco hacia el poder absoluto fue el resultado de una combinación de factores favorables. El fracaso parcial de la rebelión y la división de fuerzas existentes en la Península convirtieron al ejército de África en la pieza fundamental del escenario militar. Además, Franco pasó a ser pronto el interlocutor de Hitler y Mussolini, el destinatario de la ayuda de las potencias fascistas. Mientras tanto, sus rivales políticos y militares se iban quedando en el camino: Calvo Sotelo asesinado en las vísperas del golpe de Estado, José Antonio Primo de Rivera encarcelado en Alicante, donde sería ejecutado en el mes de noviembre, Sanjurjo muerto en accidente aéreo cuando intentaba volar desde Lisboa para encabezar la sublevación y Goded fusilado después del fracaso de la sublevación en Barcelona. En septiembre de 1936 el resto de los generales sublevados, incluidos Queipo de Llano y Mola (que moriría también en un accidente de aviación), estaban por debajo de Franco porque no tenían su graduación, su prestigio o su poder militar.

El Generalísimo. Entre el 21 y el 28 de septiembre de 1936, en dos reuniones celebradas en Salamanca, la Junta de Defensa Nacional nombró a Franco «Generalísimo» de todos los ejércitos y jefe del Gobierno. El 1 de octubre era proclamado oficialmente como jefe del Estado español. En los meses siguientes, el aparato político y militar franquista concentró todos los poderes y construyó, gracias a la pro-

1 DE OCTUBRE	**19 DE ABRIL DE 1937**	**1 DE ABRIL DE 1939**
Generalísimo y jefe de Gobierno del Estado.	Jefe nacional de FET y de las JONS.	Firma del último parte de guerra.

paganda y al apoyo de la Iglesia, la imagen de un «cruzado católico», de un «Caudillo salvador de España».

El paso siguiente, en abril de 1937, fue la creación de Falange Española Tradicionalista y de las JONS, un partido único controlado desde el Cuartel General de Franco. El «Movimiento» pasó a ser uno de los tres pilares, junto con el Ejército y la Iglesia, con los que Franco convirtió un movimiento contrarrevolucionario, sin un programa político definido, en una dictadura personal omnipotente de carácter fascista. La larga duración de la guerra, una estrategia deliberada de Franco, favoreció el proceso de concentración absoluta del poder y le permitió al dictador la destrucción completa del adversario, la erradicación de la «Anti-España», la limpieza de rojos, separatistas y masones.

En enero de 1938 Franco formó su primer gobierno con la firme voluntad de no abandonar el poder al final de la guerra. Todas las circunstancias le favorecieron. La superioridad militar de sus tropas, el control total del Ejército, la debilidad y división de las fuerzas políticas conservadoras y la retracción de las potencias democráticas ante el empuje agresivo de Hitler y Mussolini. En el otoño de ese año, después de la firma del pacto de Múnich, la suerte de la guerra civil estaba echada.

El 1 de abril de 1939 Franco firmó en Burgos el último parte de guerra. El 19 de mayo hacía su entrada oficial en Madrid para presidir el Desfile de la Victoria. A partir de ese momento su objetivo principal fue la supervivencia en el poder. Consiguió sobrevivir a la segunda guerra mundial y al período de aislamiento exterior de los años posteriores. Lo hizo gracias al apoyo de una parte de la población española pero también mediante la violencia. Nunca le tembló la mano a la hora de firmar una sentencia de muerte y mantuvo un sistema represivo durísimo que castigó durante décadas a los vencidos en la guerra. Ese poder, obtenido por las armas y bañado en sangre, le siguió dando réditos hasta el último día de su vida, el 20 de noviembre de 1975.

20 DE NOVIEMBRE DE 1975

Fallecimiento de Franco.

CAUDILLO DE ESPAÑA POR LA GRACIA DE DIOS

En el otoño de 1936, cuando Franco se convirtió en Generalísimo y jefe del Gobierno no era más que un general rebelde con prestigio militar pero sin carisma personal, sin una figura atractiva ni dotes de orador. A partir de ese momento, durante el resto de la guerra y en los años posteriores, la propaganda oficial del régimen elevó la figura del dictador a la categoría de mito. Héroe de la guerra de Marruecos, Caudillo de España por la Gracia de Dios, santo cruzado, Centinela de Occidente, redentor de España enviado por la Providencia... La imagen omnipresente de Franco presidió la vida cotidiana de los españoles durante décadas.

Algunos de los mitos sobre la figura histórica de Franco continúan vivos. Hay quien todavía sostiene que fue un genio militar, un hábil político que salvó a España de entrar en la segunda guerra mundial y un estadista paternal que condujo al país hacia el desarrollo y el crecimiento económico. Pero ninguno de esos tópicos resiste el análisis de los historiadores más serios.

La idea en síntesis: el terror impuesto en la guerra sentó las bases de una dictadura vitalicia.

La URSS

Igreks era el nombre convencional de los buques que llevaron material bélico soviético a España. *Igrek-1*, *Igrek-2*... Hasta 66. La ayuda de la URSS detuvo a los sublevados en las puertas de Madrid. Gracias a ella, la República tuvo armas para plantar cara a la maquinaria militar del Eje, pero no para ganar la guerra. El carácter limitado y discontinuo de esa ayuda prueba que Stalin no pretendía crear una república comunista en España. Su objetivo era mucho menos ambicioso, frenar la expansión del fascismo y asegurar, de paso, sus propios intereses.

CRONOLOGÍA

21 DE AGOSTO DE 1936	29 DE SEPTIEMBRE	4 DE OCTUBRE
El Politburó nombra embajador soviético en España.	El Comité Central del PCUS aprueba la ayuda militar soviética a España.	Llega a Cartagena el primer barco de la URSS cargado con armas.

«Las gentes de Alicante habían traído flores y todos querían dárselas personalmente a los marineros y al capitán. Creo que fue la primera vez que oí dar vivas a Rusia y que vi en las paredes de las casas de Alicante letreros, escritos con tiza, que decían ¡Viva la Unión Soviética!, ¡Vivan los rusos!» Ignacio Hidalgo de Cisneros recuerda en sus memorias la alegría del pueblo de Alicante por la llegada de un barco soviético con víveres, en el mes de octubre de 1936. Evoca también, unas semanas más tarde, el entusiasmo de la población de Madrid al ver en acción a la primera escuadrilla de cazas I-15, bautizados como «chatos», para enfrentarse a los Junkers alemanes y Fiat italianos: «el espectáculo que pudieron ver los madrileños aquella mañana fue algo grandioso, de los que no se olvidan jamás (...) algo nuevo, alguna cosa inesperada estaba ocurriendo. La gente abandona los refugios, se lanza a la calle y, sin acordarse del peligro de las bombas, aquel pueblo que estaba sufriendo día tras día, sin poderse defender, los terribles bombardeos enemigos, presencia con emoción inenarrable la primera batalla aérea en defensa de su ciudad».

Operación X. El 25 de julio de 1936 el presidente de gobierno de la República, José Giral, escribía al embajador de la URSS en Francia «el deseo y la necesidad que experimenta nuestro Gobierno de abastecimiento de armas y municiones de todo tipo». La actitud inicial soviética se inclinó hacia la neutralidad. Su política exterior había cambiado en los años anteriores. No corrían buenos tiempos para la revolución mundial. El expansionismo de la Alemania nazi en Europa central y el imperialismo japonés en Asia Oriental forzaron a Stalin a tender puentes con las democracias occidentales. En 1934 la URSS entró en la Sociedad de Naciones, un año más tarde firmó un pacto de ayuda mutua con Francia y apoyó la alianza de los partidos comunistas con los frentes populares interclasistas que suponían un dique contra el fascismo.

28-29 DE OCTUBRE	22 DE JUNIO DE 1937	7 DE ENERO DE 1938
Entran en combate los primeros aviones y tanques soviéticos.	Agentes de la NKVD asesinan a Andreu Nin.	Los tanques soviéticos entran en Teruel.

> **«Los girasoles rusos, como ciegos planetas, / hacen girar su rostro de rayos hacia España.»**
>
> **Miguel Hernández,**
> *Oda a Rusia*, 1936.

Pero a lo largo del mes de agosto de 1936 Stalin comenzó a cambiar su actitud. Observaba con preocupación los retrocesos militares republicanos, abandonados a su suerte por las democracias occidentales. El triunfo de los rebeldes podía ser un factor de desestabilización de Francia y una amenaza para la seguridad europea, para el frágil sistema de relaciones internacionales. La URSS inició una campaña diplomática de apoyo a la República e impulsó a la Komintern, la Internacional Comunista, a crear unas Brigadas Internacionales. El paso siguiente, decidido a mediados de de septiembre, fue el envío de material militar. El día 26 partía del puerto de Odessa un primer barco cargado con armas. Comenzaba la *Operación X*.

A lo largo del mes de octubre se sucedieron los envíos de material bélico y comenzaron a formarse en Albacete las Brigadas Internacionales, unas armas y unos hombres que unas semanas más tarde resultarían claves para la defensa de Madrid. La decisión de Stalin no iba a cambiar el resultado final de la guerra civil, pero sí su curso y su duración. En diciembre de 1936 había en España un centenar largo de aviones, tanques y piezas de artillería soviéticas y un volumen considerable de ametralladoras, fusiles y municiones de todo tipo que, aunque inferiores en calidad y cantidad a los que recibían los sublevados, permitían frenar su ofensiva. Madrid resistía, los frentes se estabilizaban y la República comenzaba la reconstrucción de un ejército digno de tal nombre.

A lo largo de la guerra la ayuda soviética se cifró en 648 aviones, 347 tanques, un millar largo de piezas de artillería, más de 20.000 ametralladoras, casi 500.000 fusiles y millones de cartuchos y proyectiles. El esfuerzo de la URSS fue muy considerable teniendo en cuenta su capacidad militar y las dificultades del transporte hasta Es-

13 DE MARZO	**16 DE FEBRERO DE 1939**	**27 DE FEBRERO**
Último envío de tanques desde la URSS.	Stalin decide poner fin a la ayuda a la República.	Retirada de los últimos asesores soviéticos.

paña. Los aviones y los tanques fueron los mejores disponibles. Otra cosa diferente fue lo ocurrido con las armas y municiones, de una calidad muy inferior. En todo caso, la ayuda enviada por Stalin fue siempre menor que la que Hitler y Mussolini aportaron a Franco.

Las armas rusas permitieron que la República alargara su defensa durante más de dos años, pero eran insuficientes para plantear operaciones ofensivas de largo alcance. Las autoridades militares republicanas no contaron nunca con un suministro militar soviético fiable y continuado. Entre el otoño de 1936 y la primavera de 1937 la URSS fletó una veintena larga de expediciones marítimas, la mayoría con destino al puerto de Cartagena. Pero a partir de ese momento los envíos fueron intermitentes y en el otoño de ese año se redujeron mucho. El transporte por el Mediterráneo no era fácil y los bombarderos alemanes e italianos castigaban los puertos españoles. Las autoridades españolas buscaron una ruta alternativa, el envío de barcos desde el Norte de la URSS hasta Francia y el traslado posterior por tierra hasta los Pirineos. Así llegaron algunas expediciones en la primera mitad de 1938. Pero los problemas logísticos y las trabas administrativas dificultaban en extremo la ayuda. Los envíos quedaron suspendidos en los meses siguientes y, cuando quisieron reanudarse, a finales de año, resultaron ya de escasa utilidad.

En 1939, en los meses finales de la guerra, solo llegó un cargamento soviético. Para la URSS había otro escenario preferente, China. Y una evidencia, la ayuda soviética ya no podría cambiar el final de la guerra. Stalin empezaba a abandonar la estrategia de seguridad colectiva europea y barajaba la posibilidad de un cambio en su política exterior, el que le acabaría llevando en ese verano a firmar el pacto

> **«Los servicios secretos de Stalin actuaron en España como si fuera la República de Mongolia Exterior.»**
>
> **Fernando Claudín,**
> *La crisis del movimiento comunista,* 1970.

Mólotov-Ribbentrop con el Tercer Reich. Los intereses estratégicos estuvieron siempre por encima de los ideales.

Los hombres de Moscú. Los tanques y los aviones no llegaron solos. Junto a ellos desembarcaron en España unos 2.100 militares soviéticos, aunque nunca hubo más de 800 al mismo tiempo. Destacaron, por su protagonismo en el combate, los pilotos (772) y los tanquistas (351). A ellos se sumaron algunos ingenieros y auxiliares técnicos. Y un nutrido grupo de asesores militares, solicitados por el Gobierno republicano, que se repartieron entre las unidades de artillería, infantería, aviación, fuerzas navales y comunicaciones. Los instructores soviéticos adiestraron a miles de militares y al menos tres mil españoles se formaron en la URSS. También hubo asesores soviéticos que participaron en el diseño y la ejecución de las operaciones bélicas. La actividad de los asesores, unos 600 a lo largo de toda la guerra, fue limitada por la escasez de traductores, la carencia de mandos experimentados y también por las purgas dictadas por Stalin. No fueron pocos los militares soviéticos presentes en España que terminaron ejecutados a su regreso a la URSS. Esa fue la suerte que corrieron los dos embajadores soviéticos y el cónsul general en Barcelona.

Los servicios secretos soviéticos también operaron en suelo español, tanto los agentes del GRU (Inteligencia Militar del Ejército Rojo) como los temidos hombres de la NKVD (Comisariado del Pueblo para Asuntos Internos). La NKVD, a las órdenes directas del Kremlin, dejó una oscura huella sangrienta. El agente principal fue Alexander Orlov, quien participó en la organización de las matanzas de Paracuellos. Los dos casos más conocidos fueron los asesinatos de José Robles Pazos, profesor y traductor español, y de Andreu Nin, el líder trotskista del POUM, calumniado por la prensa del PCE, detenido el 16 de junio de 1937 y asesinado por los «servicios especiales» probablemente la noche del 22 de junio. La larga mano del terror estalinista.

EL ORO DE MOSCÚ

El mito del robo soviético del oro español es falso. La República pagó a la URSS los aviones, armas y municiones recibidas con unas tres cuartas partes de las reservas de oro del Banco de

España. En septiembre de 1936 Largo Caballero y Negrín, entonces ministro de Hacienda, decidieron de manera racional, ante el asedio de la capital, sacar las reservas de oro y trasladarlas a Cartagena. En total, algo más de 500 toneladas. Allí estuvieron poco tiempo. El 25 de octubre el oro salió en barco hacia la URSS, como depósito de pago de la ayuda militar, la única fuente de aprovisionamiento de la República. Todas las divisas obtenidas se gastaron en material bélico. Y cuando el saldo de oro se agotó, a mediados de 1938, el Gobierno republicano todavía negoció con la URSS varios créditos millonarios, en un último y desesperado esfuerzo para retrasar la derrota.

La idea en síntesis: la ayuda militar soviética fue muy inferior a la de las potencias del Eje.

La batalla de Madrid

«Madrid, corazón de España», escribía Rafael Alberti, «late con pulsos de fiebre». Durante cuatro meses la batalla de Madrid centró la atención de todo el mundo. En las puertas de la capital combatían mercenarios marroquíes, falangistas, milicianos de todas las tendencias y brigadistas internacionales. En las calles de la ciudad el miedo convivía con la esperanza, el hambre con los destrozos y las víctimas de los bombardeos.

CRONOLOGÍA

18 DE OCTUBRE DE 1936	28 DE OCTUBRE	6 DE NOVIEMBRE
Los franquistas llegan a Illescas, a 40 km de Madrid.	Azaña deja Madrid y se traslada a Barcelona.	El Gobierno se traslada a Valencia. Miaja preside la Junta de Defensa.

«Pasarán unos años y olvidaremos todo; se borrarán los embudos de las explosiones, se pavimentarán las calles levantadas, se alzarán casas que fueron destruidas. Cuanto vivimos, parecerá un sueño y nos extrañará los pocos recuerdos que guardamos; acaso las fatigas del hambre, el sordo tambor de los bombardeos, los parapetos de adoquines cerrando las calles solitarias...» En las primeras líneas de *Largo noviembre de Madrid* Juan Eduardo Zúñiga evocaba el Madrid sitiado de la guerra civil. Una ciudad que era al mismo tiempo retaguardia y frente de combate. Así lo recordaba también Luis Cernuda: «A oscuras la ciudad, las calles desiertas y ciegas y, más cerca o más lejos, según las ráfagas del viento, las descargas de fusilería, el chasquido rítmico de las ametralladoras y de vez en vez los cañonazos densos y opacos. En el pecho la angustia, la zozobra y el dolor de todo y por todo».

La capital asediada. El 27 de septiembre de 1936 Franco anunció la liberación del Alcázar de Toledo. Al día siguiente era proclamado Generalísimo de los ejércitos de Tierra, Mar y Aire. La decisión de Franco de desviar sus tropas del camino hacia Madrid para conquistar Toledo le proporcionó un gran triunfo político y propagandístico. Pero permitió que los republicanos dispusieran de un tiempo precioso para preparar la defensa de la capital de la República. Un mes de margen que hizo posible la concentración de milicianos, la reorganización de las unidades, la construcción de una red de trincheras y fortines alrededor de la ciudad y la llegada de los primeros envíos de armas y municiones procedentes de la Unión Soviética.

El Estado Mayor de Franco pensaba que la ocupación de Madrid sería casi un paseo triunfal. Hasta ese momento, las columnas formadas por legionarios y regulares no habían encontrado un enemigo

7 DE NOVIEMBRE	**8 DE NOVIEMBRE**	**20 DE NOVIEMBRE**
Ejecuciones masivas en Paracuellos del Jarama.	Fracasa el ataque de las tropas de Varela. Llega la primera Brigada Internacional.	Muere en Madrid Durruti.

> «¡Madrid, Madrid; qué bien tu nombre suena, / rompeolas de todas las Españas! / La tierra se desgarra, el cielo truena, / tú sonríes con plomo en las entrañas.»
>
> Antonio Machado, Madrid, 7 de noviembre de 1936.

firme en campo abierto. La resistencia de los milicianos se desmoronaba cuando llegaban las tropas de vanguardia acompañadas por el fuego de la artillería y los ataques de los aviones Fiat y Heinkel. El 19 de octubre la avanzada comandada por el general Varela llegaba a Illescas, a 40 kilómetros de Madrid, y tres días más tarde las tropas franquistas ocupaban Navalcarnero. A partir del día 23 los aviones alemanes e italianos bombardeaban los barrios populares de la capital con total impunidad. La guerra se acercaba a marchas forzadas. El día 31 los sublevados entraban en Parla, el 1 de noviembre en Brunete, el 2 en Móstoles y Fuenlabrada, el 4 Leganés y Getafe. Desde las trincheras se podía ver Madrid, a menos de veinte kilómetros.

La caída de la ciudad parecía inminente. Así lo creían los refugiados que llegaban en desbandada desde los arrabales. También los periodistas y diplomáticos acreditados en la capital. Y el propio Gobierno republicano. El día 6 de noviembre el nuevo gabinete de Largo Caballero, en el que acababan de entrar cuatro ministros de la CNT, decidía abandonar la ciudad para trasladarse a Valencia. La defensa de la capital quedaba encomendada a una Junta de Defensa dirigida por el general Miaja. Entre el pánico de unos y el abandono de otros, y los rumores sobre la acción de la «quinta columna», comenzaban las *sacas* masivas de presos con destino a las fosas comunes de Torrejón de Ardoz y Paracuellos del Jarama, la mancha más negra y sangrienta de la República en guerra. Algunos periodistas hablaban de las últimas horas de Madrid y anunciaban su ocupación.

23 DE NOVIEMBRE	29 DE NOVIEMBRE	30 DE NOVIEMBRE
Se detiene el asalto frontal.	Primer ataque franquista en la carretera de La Coruña.	El Gobierno disuelve la Junta de Defensa y crea la Junta Delegada de Defensa.

Madrid resiste. El ataque final a Madrid ideado por Varela era sencillo. Una maniobra frontal de varias columnas que debían abordar el ángulo occidental de la ciudad por la Casa de Campo, la Ciudad Universitaria y el puente de los Franceses. La fortuna quiso que una copia de ese plan cayera en manos del jefe del Estado Mayor de Miaja, el teniente coronel Vicente Rojo, quien ordenó agrupar las defensas sobre la línea de ataque. El 8 de noviembre una masa heterogénea de combatientes compuesta por soldados de las primeras brigadas regulares y milicianos de la UGT y la CNT, con más hombres que fusiles, resistió el ataque franquista. Al día siguiente desfilaban por la Gran Vía los primeros batallones de las Brigadas Internacionales, una notable inyección de moral para la población.

Los asediados no estaban solos, la ciudad había resistido el empuje inicial de las tropas profesionales africanas, hasta entonces invencibles, y todos los recursos materiales y humanos se movilizaban para su defensa. Entre ellos, las armas y municiones enviadas por los soviéticos, los aviones que disputaban el dominio del aire a los bombardeos italianos y alemanes. En los días siguientes los combates fueron feroces en el barrio de Carabanchel pero la línea defensiva republicana aguantó todos los asaltos. Y el sector de la Ciudad Universitaria recibió el refuerzo de la columna anarquista de Durruti, llegada del frente de Aragón. El día 19 grupos de legionarios y regulares llegaron a ocupar el Hospital Clínico. En la cuña abierta al otro lado del Manzanares se combatía de manera feroz, edificio por edificio, habitación por habitación. En la madrugada del día 20 moría Durruti, víctima seguramente de un disparo fortuito. Pero el frente se sostenía y los ataques franquistas resultaban infructuosos. Los soldados coloniales, acostumbrados a luchar en campo abierto, chocaban una y otra vez contra las defensas fortificadas.

En los días siguientes se recrudeció el ataque artillero y el bombardeo de las escuadrillas de Junkers y Saviolas. Las bombas dejaron un

> **«Venid a ver la sangre por las calles.»**
> **Pablo Neruda,** «Explico algunas cosas», 1937.

14 DE DICIEMBRE   **15 DE ENERO DE 1937**

Segunda fase de la batalla de la carretera de La Coruña.   Se detiene la ofensiva y el frente queda estabilizado.

rastro de incendios, cráteres, edificios hundidos y casi dos millares de víctimas civiles. Pero no consiguieron su objetivo de desmoralizar a los defensores de la ciudad. El ánimo de los madrileños no quebró. El día 23 de noviembre Franco ordenó detener la ofensiva sobre la ciudad. En el mes de diciembre la batalla de Madrid cambió de escenario. Franco pensó en una nueva ofensiva a campo abierto, en la dirección de la carretera de La Coruña, con la intención de envolver las líneas defensivas de Madrid por el Oeste. Las unidades acumuladas en ese sector, cerca de 10.000 hombres, se lanzaron al ataque el día 14 y tomaron Boadilla del Monte. La llegada de un destacamento de tanques rusos y de dos Brigadas Internacionales detuvo unos días el asalto franquista, pero la ofensiva de los rebeldes continuó con nuevas tropas de refuerzo. El día 6 de enero los asaltantes lograron cortar la carretera de La Coruña pero no consiguieron cortar la comunicación entre el frente de Guadarrama y Madrid. Los dos ejércitos estaban exhaustos. En el campo de batalla habían dejado 15.000 muertos. Las fuerzas republicanas perdían terreno, pero al final habían evitado el cerco de la capital por el Oeste.

El frente de Madrid quedó consolidado. Quedaba claro que Madrid no era el paseo victorioso que prometían los sublevados y tampoco la tumba del fascismo de las proclamas republicanas. Los habitantes de la ciudad iban a sufrir la guerra en las puertas de sus casas durante más de dos años. Pero sería otra guerra. A partir de la batalla de Madrid ya no se habló de columnas móviles ni de combates entre milicianos. Dos grandes ejércitos se preparaban para enfrentarse en una larga guerra de desgaste.

«¡NO PASARÁN!»

El 19 de julio de 1936 Dolores Ibárruri pronunció en Madrid una frase que se convirtió en el símbolo de la resistencia republicana: «¡No pasarán!». No era una frase original, ya había aparecido en Francia durante la primera guerra mundial. Pero la expresión de la *Pasionaria* hizo fortuna y pasó a ser un emblema de la defensa de la capital de la República.

Al comenzar la guerra Dolores Ibárruri Ibáñez (1895-1989) era la dirigente más conocida del Partido Comunista de España. Destacaba por su energía y simpatía personal, por su capacidad para hablar en público y emocionar a su auditorio. Entre sus frases memorables se recuerda también la que pronunció en París en el mes de septiembre, «¡El pueblo español prefiere morir de pie a vivir de rodillas!», o la que se escuchó en un mitin celebrado en Madrid en octubre, «¡Más vale ser viudas de héroes que mujeres de cobardes!». Consignas para mantener la moral de los defensores de Madrid. El lema «¡No pasarán!», repetido en muchas pancartas y carteles, dio la vuelta al mundo y fue utilizado durante la segunda guerra mundial. Para entonces en Madrid ya se había hecho popular el chotis cantado por Celia Gámez, «¡Ya hemos pasao!». Un himno de la victoria franquista y una burla del bando vencido.

La idea en síntesis: el fracaso franquista en la toma de Madrid cambió la naturaleza de la guerra.

Vicente Rojo

El héroe de la defensa de Madrid, el principal estratega de la batalla del Ebro, el general más prestigioso de la República. Vicente Rojo Lluch se definió siempre como católico, militar y patriota. ¿Qué hacía luchando contra los sublevados? Para él la respuesta era sencilla: cumplir con su deber, permanecer al lado de la legalidad.

CRONOLOGÍA

1894	1911	1915-1919
Nacimiento en Fuente la Higuera (Valencia).	Ingreso en la Academia de Infantería de Toledo.	Teniente en el Ejército de África.

A finales de febrero de 1938, después de abandonar Teruel ante el empuje arrollador de las tropas franquistas, el general Vicente Rojo manifestó su deseo de ser sustituido como jefe del Ejército republicano. Negrín, el presidente del Gobierno, le escribió rápidamente una carta para que reconsiderara su petición: «Créame usted que en estos momentos de gravedad percibo, con un acento aún más vigoroso que en los días de éxito, la sensación de seguridad y firmeza que, a pesar de las contrariedades y peligros, me inspira el saber que la suerte de nuestro Ejército, y con ella los destinos de nuestra Patria, están en sus manos». El ejemplo de Vicente Rojo recuerda que no todos los militares profesionales se sublevaron contra la República, que una parte importante de los jefes y oficiales se mantuvo fiel al Gobierno legítimo. Y que su actitud permitió, a pesar de todos los problemas y dificultades, levantar un ejército casi de la nada y alargar la guerra durante tres años. Sufrieron la guerra y padecieron el olvido.

El honor de un militar. El origen humilde de Vicente Rojo Lluch marcó su futuro. Su padre, alférez del ejército, murió antes de que naciera. Su madre falleció cuando tenía trece años. Pasó varios años en el colegio de huérfanos de Infantería y en 1911 ingresó en la Academia de Toledo. Entre 1915 y 1919 sirvió como teniente en el ejército de África, aunque alejado de los círculos de los oficiales africanistas. Después pasó varios años en Cataluña, con el grado de capitán, y a partir de 1922 ejerció como profesor en la Academia de Infantería de Toledo. Allí impulsó la creación de la Colección Bibliográfica Militar, una iniciativa editorial con casi un centenar de títulos. En 1932 entró en la Escuela Superior de Guerra de Madrid. En julio de 1936,

1922-1932	20 DE JULIO DE 1936	25 DE OCTUBRE
Profesor de la Academia de Infantería de Toledo.	Traslado al Estado Mayor Central.	Ascenso a teniente coronel.

«Simplemente me mantuve en mi puesto, donde me encontró todo el mundo.»

Vicente Rojo,
Autobiografía.

cuando estalló la rebelión militar, Vicente Rojo era un comandante dependiente del Estado Mayor Central. Allí se encontró «solo frente a mi deber». Y lo que hizo fue seguirlo de acuerdo con su sentido de la responsabilidad. Permaneció en su puesto.

El día 24 de julio el comandante Rojo se incorporó a una columna desplegada en el puerto de Somosierra. Tuvo que superar la desconfianza que suscitaban los oficiales entre los milicianos y la desorganización de unos hombres que no conocían la disciplina militar. En los primeros días de septiembre recibió el encargo oficial de acudir a Toledo para intentar parlamentar con los rebeldes sitiados en el Alcázar, su casa durante muchos años. No consiguió la rendición de los defensores, pero tampoco se quedó con ellos.

Jefe de Estado Mayor. En noviembre la situación militar de Vicente Rojo, recién ascendido a teniente coronel, cambió en muy pocos días de una manera inimaginable. El día 6, con el ejército sublevado a las puertas de Madrid, el Gobierno de Largo Caballero decidió abandonar la capital y dejar al frente de su defensa a una Junta encabezada por el general Miaja. Entre las órdenes dejadas por el ministro de la Guerra estaba el nombramiento de Rojo como «jefe de Estado Mayor del general jefe de la defensa de la Plaza de Madrid». A partir de ese momento su autoridad quedaba por encima de otros jefes con mayor graduación y antigüedad.

El 7 de noviembre la fortuna vino a echarle una mano. Llegó a su poder una copia del plan de ataque de las tropas de Varela, fijado para el día siguiente. Rojo actuó con rapidez y serenidad, concentró todos los recursos disponibles en la línea de ataque prevista y a lo largo de los días siguientes dirigió las operaciones y los durísimos combates que terminaron consiguiendo lo que casi nadie esperaba: la resis-

6 DE NOVIEMBRE	21 DE MAYO DE 1937	9 DE FEBRERO DE 1939
Jefe de Estado Mayor del general jefe de la defensa de Madrid.	Jefe del Estado Mayor Central del Ejército de la República.	Caída de Cataluña. Rojo pasa la frontera francesa.

tencia de Madrid. El trabajo del teniente coronel Vicente Rojo ayudó a poner en marcha la formación de un ejército regular, «una fuerza coherente, orgánica y dirigida».

Las grandes batallas y la derrota. En mayo de 1937 una de las primeras cosas que hizo el doctor Negrín al llegar a la presidencia del Gobierno fue nombrar a Vicente Rojo jefe del Estado Mayor Central del Ejército de la República. Era el hombre más indicado. Había dado pruebas sobradas de lealtad, tenía una sólida formación técnica y una gran capacidad de trabajo y, además, no pertenecía a un partido político.

«Rojo era la cabeza pensante y la voluntad organizadora.»

Julián Zugazagoitia,
Guerra y vicisitudes de los españoles, 1940.

En el verano de 1937 Rojo impulsó las operaciones ofensivas de Brunete y Belchite para obligar al ejército franquista a detener su avance en el frente Norte. Las dos acciones estuvieron bien planteadas y organizadas, pero los avances republicanos se vieron pronto frenados por la falta de mandos intermedios y de hombres y material de reserva. Más éxito tuvo Rojo a finales de año, vestido ya con los galones de general, en la batalla de Teruel. En los primeros días de enero de 1938 llegó a pasear por las calles de la ciudad. Pero fue un triunfo efímero porque unas semanas después las tropas franquistas recuperaban el terreno perdido. El Ejército republicano era capaz de emprender operaciones ofensivas a gran escala pero al final se imponía la superioridad militar de los sublevados.

Las cosas empeoraron aún más en abril de 1938, cuando las tropas franquistas rompieron el frente de Aragón y llegaron hasta el Mediterráneo. El Gobierno de Negrín puso todo su empeño en plantear una resistencia a ultranza con la esperanza de que el escenario internacional cambiara en favor de la República. Y el general Rojo fue el brazo militar de esa decisión política. Primero consiguió detener el avance franquista sobre Valencia. Y de manera inmediata,

29 DE AGOSTO	**1943**	**1957**
Inicio del exilio en Buenos Aires.	Profesor en la Escuela de Guerra de Cochabamba (Bolivia).	Regreso a España y juicio por rebelión militar.

en los últimos días de julio, lanzó la ofensiva del Ebro, la batalla más dura, larga y encarnizada de toda la guerra civil. En los primeros días las tropas republicanas sorprendieron al ejército franquista y lograron avanzar unos kilómetros, pero pronto decayó el empuje inicial y los dos ejércitos acabaron desangrándose durante cuatro meses. A finales del mes septiembre, la firma del pacto de Múnich había terminado con las esperanzas de la República. En noviembre las tropas republicanas retrocedían y volvían a cruzar el río Ebro. La suerte de la guerra estaba echada. El general Rojo aún intentó coordinar una ofensiva simultánea en Andalucía, Extremadura y la zona Centro que no llegó a producirse. Antes de terminar el año, el ejército franquista se lanzaba sobre Cataluña. El 26 de enero de 1939 caía Barcelona. El 9 de febrero Vicente Rojo observaba el paso de sus tropas al otro lado de la frontera francesa. En las semanas siguientes permaneció en Francia, intentando aliviar la penosa situación de los soldados españoles, dando largas a quienes le pedían que volviera a la zona Centro republicana. Cuando recibió la orden de hacerlo ya era tarde. El golpe de Casado había precipitado el derrumbe anunciado de la República y lo único que quedaba era tomar el camino del exilio.

Después de pasar por Francia el general Rojo cruzó al Atlántico con su familia y se instaló unos años en Buenos Aires. En 1943 consiguió una plaza como profesor de la Escuela de Guerra de Cochabamba, en Bolivia. En 1956, enfermo y retirado de la docencia, intentó conseguir una autorización para volver a España con ciertas garantías. Al regresar fue juzgado por adhesión a la «rebelión militar» y condenado a cadena perpetua con las penas accesorias de pérdida de empleo e inhabilitación civil absoluta. En enero de 1958 recibió el indulto y se dedicó a escribir, encerrado en su casa de Madrid, hasta el momento de su muerte, ocurrida en 1966.

1966

Fallecimiento en Madrid.

UN GENERAL CATÓLICO

El 26 de mayo de 2013 el Ayuntamiento de La Font de la Figuera, un pueblo valenciano de poco más de dos mil habitantes, nombró hijo predilecto a Vicente Rojo. Además de una ofrenda floral junto a su estatua, y de la placa descubierta en su casa natal, el párroco de la iglesia ofició una misa en homenaje al general republicano. En la ceremonia religiosa se recordó el catolicismo practicante del militar republicano, las palabras que pronunció en enero de 1939 en un discurso radiofónico cuando se definió «como hombre apolítico y bueno, cristiano y español». En el mismo discurso el general Rojo confesó que tenía siempre un crucifijo encima de su lecho. Pero también denunció el Estado que Franco quería levantar sobre las ruinas de España «porque habéis cometido el gran error de cimentarlo sobre el odio; y el odio estimula a la lucha, pero no a la convivencia». Un «edificio» bendecido por la Iglesia católica como el fruto de una Cruzada.

La idea en síntesis: el militar más prestigioso del Ejército republicano.

Las Brigadas Internacionales

«Voluntarios de la Libertad.» En la defensa de Madrid, en Jarama y Guadalajara, en Brunete y Belchite, en Levante y en el Ebro. Las Brigadas Internacionales fueron las unidades militares donde se encuadraron los voluntarios extranjeros que llegaron a España a defender la causa de la República. Su motivación altruista ofrece pocas dudas. Para muchos de ellos, la guerra civil española era la primera batalla de la segunda guerra mundial.

CRONOLOGÍA

18 DE SEPTIEMBRE DE 1936	14 DE OCTUBRE	22 DE OCTUBRE
La Komintern decide en Moscú organizar el reclutamiento de voluntarios.	Llega a Albacete el primer grupo de voluntarios.	Decreto oficial de aprobación de las Brigadas Internacionales.

«Hay días que uno recuerda el resto de su vida. Para mí uno de ellos es el de la despedida de las Brigadas Internacionales en Barcelona. Fue una cosa extraordinaria.» Hans Landauer, un joven brigadista austriaco, era uno de los combatientes que desfilaban por las calles de Barcelona el 28 de octubre de 1938. Su imagen quedó grabada gracias a una fotografía de Agustí Centelles. También quedó grabado para siempre el discurso que pronunció la *Pasionaria*: «¡Madres!... ¡Mujeres!... Cuando los años pasen y las heridas de la guerra se vayan restañando; cuando el recuerdo de los días dolorosos y sangrientos se esfumen en un presente de libertad, de paz y de bienestar; cuando los rencores se vayan atenuando y el orgullo de la patria libre sea igualmente sentido por todos los españoles, hablad a vuestros hijos; habladles de estos hombres de las Brigadas Internacionales (...) Podéis marchar orgullosos. Sois la historia, sois la leyenda, sois el ejemplo heroico de la solidaridad y de la universalidad de la democracia (...) No os olvidaremos; y cuando el olivo de la paz florezca, entrelazado con los laureles de la victoria de la República Española, ¡Volved!».

Salvad España, salvad la paz. Los primeros combatientes extranjeros de la guerra civil ya estaban en España cuando empezó el conflicto. Eran deportistas presentes en Barcelona para participar en la Olimpiada Popular que se iba a inaugurar el 19 de julio de 1936, una competición alternativa a los Juegos Olímpicos de Berlín. A ellos se unieron, sin ninguna organización, algunos refugiados italianos y alemanes y jóvenes de diversos países europeos que, de manera espontánea, iban llegando hasta la frontera francesa.

En septiembre, el comunista alemán Willi Münzenbarg se desplazó a Moscú para plantear a la Internacional Comunista, la Komin-

9 DE NOVIEMBRE	8 DE DICIEMBRE	27 DE SEPTIEMBRE DE 1937
Los combatientes internacionales participan en la batalla de Madrid.	Orden que fija la composición y organización de las Brigadas.	Decreto que integra las Brigadas como unidades del Ejército de la República.

«Si hay hombres que contienen un alma sin fronteras, / una esparcida frente de mundiales cabellos, / cubierta de horizontes, barcos y cordilleras, / con arena y con nieve, tú eres uno de aquéllos.»

Miguel Hernández,
«Al soldado internacional
caído en España», 1938.

tern, la necesidad de organizar un cuerpo armado internacional capaz de luchar en España contra el fascismo. El día 18, con el visto bueno de Stalin, el Presidium de la Komintern aprobó el envío de voluntarios a España. En los días siguientes una comisión de comunistas internacionales viajó a Madrid para lograr el visto bueno de las autoridades republicanas y, sin perder más tiempo, comenzó a funcionar en París un centro de alistamiento.

El trabajo de reclutamiento y envío de hombres abordado por la Internacional Comunista se vio claramente beneficiado por la ola general de simpatía que la causa republicana había despertado en las organizaciones y sindicatos de izquierda de todo el mundo. En muchos países se crearon asociaciones y comités de ayuda a España y fueron muchos los jóvenes dispuestos a sortear todas las dificultades y obstáculos del camino, incluidas las prohibiciones de algunos Estados. Desde París, los voluntarios viajaban a Marsella y luego en barco hasta Barcelona o Alicante o se trasladaban en tren y autobús hasta la frontera francesa. Cuando las condiciones se endurecieron, el paso por los Pirineos se convirtió en una acción ilegal que había realizar de noche y por senderos ocultos.

El 14 de octubre de 1936 el primer grupo de 500 voluntarios, hombres y mujeres, llegó a Albacete, el lugar designado para la organización y el adiestramiento de las Brigadas Internacionales. A lo largo

21 SEPTIEMBRE DE 1938
Negrín anuncia la retirada de combatientes no españoles.

28 DE OCTUBRE
Ceremonia de despedida en Barcelona.

19 DE ENERO DE 1996
Real Decreto que reconoce a los brigadistas la nacionalidad española.

de toda la guerra llegaron unos 36.000 brigadistas, pero nunca coincidieron más de 15.000 al mismo tiempo. La mayoría de los combatientes eran trabajadores manuales, aunque fue muy importante el número de escritores, intelectuales y periodistas. Con una media de edad entre los 20 y los 40 años, solo los más mayores tenían experiencia militar. Predominaban, como era lógico esperar, los militantes comunistas, pero había también un porcentaje notable de socialistas, anarquistas y simpatizantes de izquierda unidos por la lucha antifascista. Las mujeres, alejadas del combate, formaron parte de los servicios médicos y administrativos.

> «Después cayó, como dijiste, / la noche larga sobre Europa.»
>
> **José Ángel Valente,**
> «John Conford. 1936», poema escrito en homenaje al joven poeta inglés, fallecido en Jaén en diciembre de 1936.

Extranjeros en las trincheras. En el cuartel general de Albacete los voluntarios fueron agrupados en seis brigadas, cada una compuesta por hombres que compartían la misma nacionalidad de origen o tenían un idioma común. Las brigadas quedaron encuadradas bajo mandos militares españoles. Cada una de ellas era una unidad autónoma, dirigida por un jefe militar y un comisario, con un número de entre tres y seis batallones de unos 600 hombres cada uno. Pero a lo largo de la guerra hubo numerosos cambios tantos en la denominación como en la organización interna de las brigadas.

Las brigadas internacionales no fueron importantes por el número de combatientes que aportaron a la causa republicana ni por su cualificación militar. En el momento de su retirada, a finales de 1938, el Ejército republicano todavía contaba con medio millón de hombres uniformados. Pero en noviembre de 1936, cuando el Ejército Popular era solo un proyecto y las tropas franquistas asediaban Madrid, la llegada de los primeros contingentes internacionales fue recibida con júbilo por la población madrileña. Las Brigadas XI y XII entraron en combate entre el 9 y el 13 de noviembre de 1936. Su intervención como tropas de choque, bien disciplinadas y organizadas, sirvió como ejemplo y estímulo para los milicianos que defendían la capital.

En 1937 las Brigadas Internacionales se ganaron un prestigio notable como unidades de vanguardia. Participaron en los combates más duros de las batallas del Jarama y de Guadalajara. Formaron parte de la masa de maniobra que permitió que el Ejército republicano planificara operaciones ofensivas en campo abierto. Y pagaron un precio altísimo por ello. En la batalla de Brunete sufrieron graves pérdidas. A finales de ese año las Brigadas tuvieron que renovar sus efectivos con reclutas españoles pero no perdieron su espíritu inicial. Dentro del V Cuerpo de Ejército, las Brigadas Internacionales tuvieron un papel destacado en la batalla de Belchite, soportaron la contraofensiva franquista en Teruel y fueron la punta de lanza del ataque republicano en la batalla del Ebro. Muchas unidades perdieron entre un 30 y un 40 % de sus hombres.

El 21 de septiembre de 1938 el presidente Juan Negrín declaró ante la Sociedad de Naciones la decisión del Gobierno de la República de retirar a sus combatientes no españoles. Era una propuesta del Comité de No Intervención, aceptada para buscar un acercamiento con el Reino Unido y Francia. En ese momento, de los 40.000 hombres que integraban las Brigadas Internaciones solo 14.000 eran extranjeros. El día 23 entraron en combate por última vez, demostrando hasta el último momento el coraje que los había caracterizado. Después fueron retirados del frente y conducidos a Barcelona, donde recibieron un homenaje multitudinario.

Muchos voluntarios permanecieron en España integrados en las unidades republicanas. Algunos, como los italianos o los alemanes, no podían volver a sus países de origen. Al terminar la guerra había todavía cientos de brigadistas repartidos en varias cárceles y campos de concentración. Se quedaron también miles de muertos que tenían, como dijo la *Pasionaria*, «como sudario la tierra de España». Las últimas palabras de su discurso de despedida, «¡Volved!», sonaron de nuevo seis décadas más tarde, en noviembre de 1996, cuando un grupo de brigadistas supervivientes regresó a España a recibir un homenaje oficial que incluía el ofrecimiento de la nacionalidad española.

50 NACIONALIDADES

El cuartel general de las Brigadas Internaciones en Albacete era una auténtica torre de Babel. A España llegaron voluntarios procedentes de hasta 53 nacionalidades diferentes. El mayor contingente fue el de los franceses, con alrededor de 9.000 hombres. Destacaron también por su número los 4.500 combatientes polacos, los cerca de 3.000 italianos, norteamericanos y alemanes y los 2.000 británicos, checoslovacos y balcánicos. En un número menor llegaron brigadistas belgas, austríacos, escandinavos, canadienses, cubanos, argentinos, húngaros, búlgaros, suizos, portugueses... Hay que tener en cuenta que las cifras oficiales, procedentes del archivo de la Komintern de Moscú, han sido revisadas al alza en las investigaciones más recientes realizadas en algunos países.

Un gran número de nacionalidades y también de razas. Y con un protagonismo destacado para los varios miles de judíos que lucharon repartidos en varias brigadas. Todos por la misma causa. Como escribió el voluntario norteamericano Gene Wolman en junio de 1937, poco antes de su muerte en combate, «aquí, finalmente los oprimidos de la tierra estamos unidos, aquí finalmente tenemos armas, aquí podemos defendernos».

La idea en síntesis: una contribución muy importante desde el punto de vista táctico y moral.

Largo Caballero

El «Lenin español». Un calificativo que distorsiona la larga trayectoria de uno de los principales dirigentes obreros de la historia de España. Un líder austero y sobrio, duro de carácter. Un sindicalista pragmático, heredero de la figura de Pablo Iglesias, plenamente dedicado a la causa obrera, con más de medio siglo de militancia. Protagonista de la edad de oro del movimiento obrero español, ganó algunas batallas y perdió la más decisiva, la guerra.

CRONOLOGÍA

1869	1890-1894	1905
Nacimiento en Madrid.	Afiliación a la UGT y al PSOE.	Concejal en el Ayuntamiento de Madrid.

El 1 de octubre de 1936, el mismo día en que Francisco Franco era nombrado Generalísimo, otro Francisco, Largo Caballero, presentaba el nuevo Gobierno de la República: «Todos nosotros, con diferentes ideologías, al constituir el Gobierno, renunciamos de momento a cuanto pudiera significar principios ideológicos, de tendencia de toda clase, para unirnos en una sola aspiración, que es común a todo el Gobierno: la de vencer al fascismo en lucha contra España». Largo Caballero tenía entonces sesenta y seis años de edad. Estaba ante el momento más intenso y complejo de su larga trayectoria política. Unos años más tarde, en febrero de 1943, varios agentes alemanes de la Gestapo le condujeron al hotel Terminus de Lyon, el mismo en el que había dormido en 1919 en su primer viaje fuera de España, camino de un congreso de la Internacional Sindical. «Fin de trayecto», pensó entonces.

La forja de un líder obrero. Seguramente ningún presidente de Gobierno de España tuvo un origen tan humilde como Largo Caballero. Nació en el barrio madrileño de Chamberí el 15 de octubre de 1869, en el seno de una familia muy pobre. A los 7 años dejó el colegio y trabajó de aprendiz en varios talleres hasta que aprendió el oficio de estuquista. En 1890 ingresó en la UGT y tres años más tarde en el PSOE.

En los años siguientes Largo Caballero dedicó toda su energía a la labor sindical y a su formación intelectual, a «hacerme a mí mismo». En 1899 ya era vicetesorero de la UGT y vocal del comité nacional del PSOE. En 1904 fue uno de los cinco vocales obreros del Instituto de Reformas Sociales. Al año siguiente fue elegido concejal en Madrid, una labor agotadora que combinó durante varias legislaturas con la presidencia de la Agrupación Socialista Madrileña y la gestión de la Mutualidad Obrera.

En el verano de 1917 Largo Caballero desempeñó un papel protagonista en la huelga general revolucionaria. Por eso motivo fue dete-

1917	1918	1924
Detención por la participación en la huelga general.	Secretario general de la UGT.	Vocal del Consejo de Estado en la dictadura de Primo de Rivera.

«¡Viva el Lenin español!»

Pancarta expuesta en el Monumental Cinema de Madrid, 17 de noviembre de 1933.

nido y condenado a cadena perpetua. En el penal de Cartagena recibió la noticia de su elección como diputado y también el decreto de amnistía. En 1918 fue elegido secretario general de la UGT, una organización que de su mano se convirtió en un verdadero sindicato de masas. En los años de la dictadura de Primo de Rivera los socialistas no se opusieron de manera activa al dictador y acordaron, en una decisión controvertida, participar en algunas instituciones. En octubre de 1924 Largo Caballero aceptó el nombramiento de vocal del Consejo de Estado. La política pragmática de colaboración continuó hasta 1929, cuando el edificio de la dictadura comenzó a derrumbarse.

En 1930 Largo Caballero apoyó la participación de los socialistas en las movilizaciones republicanas aunque para él la República y la democracia no eran fines en sí mismos sino un medio para «derivar hacia la tendencia socialista». Al frente del Ministerio de Trabajo y Previsión Social, desde la proclamación del Gobierno provisional hasta septiembre de 1933, desarrolló un intenso y profundo programa de reformas sociales y leyes laborales destinadas a mejorar las condiciones de vida de las clases populares.

En el otoño de 1933, cuando se produjo la crisis del Gobierno de Azaña, tuvo lugar el llamado «giro bolchevique» de Largo Caballero, convertido para muchos en el «Lenin español», una consigna electoral que escuchaba con incomodidad. En realidad, la radicalización del socialismo español no fue una iniciativa personal de Largo Caballero sino una postura mayoritaria dentro de la militancia socialista, la expresión política del malestar provocado por la frustración del reformismo republicano, la dureza de la crisis económica y el peligro del ascenso del fascismo. Su apuesta por la toma insurreccional del poder aumentó en la campaña de las elecciones de noviembre y no cesó después del fracaso socialista en las urnas.

La hora anunciada de la revolución llegó en octubre de 1934, un movimiento quimérico que fracasó sin paliativos. Caballero volvió a

14 DE OCTUBRE DE 1934	SEPTIEMBRE DE 1936-MAYO DE 1937	29 DE ENERO DE 1939
Encarcelamiento por la dirección del movimiento revolucionario.	Presidente del Gobierno y ministro de la Guerra.	Largo Caballero cruza la frontera francesa.

la cárcel, donde pasó los siguientes trece meses, hasta diciembre de 1935. Para entonces se había abierto paso el proyecto de una gran coalición política de izquierdas, el Frente Popular. En febrero de 1936, después del triunfo apretado obtenido en las urnas, Azaña volvía al gobierno. La postura de Caballero, mayoritaria dentro del PSOE y la UGT, era contraria a que los socialistas asumiesen responsabilidades gubernamentales. El apoyo al Frente Popular era un compromiso táctico que no debía entorpecer el camino hacia la dictadura del proletariado. Una postura que no cambió cuando en el mes de mayo Azaña accedió a la presidencia de la República y sopesó la posibilidad de un gobierno encabezado por el socialista Indalecio Prieto.

> **«El proletariado español ha perdido al hombre más representativo de su clase.»**
>
> Rodolfo Llopis,
> *El Socialista*, 23 de marzo
> de 1946.

Presidente del Gobierno. La guerra civil produjo una situación radicalmente nueva. A comienzos del mes de septiembre de 1936 parecía evidente que el gobierno republicano de José Giral estaba desbordado por los acontecimientos, sin control del poder revolucionario e incapaz de asumir la dirección del esfuerzo bélico. El 4 de septiembre Largo Caballero recibió el encargo de formar un nuevo gobierno que representara la alianza de todas las fuerzas que defendían la República. Un gobierno con socialistas, republicanos de izquierda, el PCE, el PNV y, desde el mes de noviembre, la CNT.

Largo Caballero asumió, además de la presidencia del Gobierno, la cartera de Guerra. Debía emprender la tarea titánica de la reconstrucción del Estado y la creación de un Ejército regular mientras la situación empeoraba y los rebeldes llegaban a las puertas de Madrid. El abandono de la capital en el mes de noviembre, la caída de Málaga en febrero de 1937 y la ofensiva del Ejército franquista en el frente Norte, iniciada un mes más tarde, pusieron contra al cuerdas a su

31 DE JULIO DE 1943	**23 DE MARZO DE 1946**
Internamiento en el campo de concentración de Oranienburg.	Fallecimiento en París.

gobierno. Las críticas hacia «el Viejo» arreciaron, desde las filas comunistas y también desde el seno del socialismo, y la unidad de la
coalición política gubernamental se fue deteriorando hasta la crisis
final de mayo de 1937.

Una vez fuera del gobierno, Caballero fue perdiendo progresiva-
mente poder e influencia. A finales de enero de 1939 abandonó España y comenzó un exilio lleno de penalidades, privaciones y perse-
cuciones. En junio de 1940 huyó de París ante la llegada de las tropas
alemanas. En noviembre fue detenido y confinado por el gobierno
colaboracionista de Vichy que, en enero de 1942, desestimó la petición de extradición el gobierno franquista. Eso le salvó del pelotón
de fusilamiento pero no del campo de concentración. En febrero de
1943 fue detenido por dos agentes de la Gestapo y conducido al campo de Oranienburg, cerca de Berlín. En abril de 1945 fue liberado por
los soviéticos y pudo regresar a París, enfermo y envejecido. Su muerte, ocurrida el 23 de marzo de 1946, fue el final de una época histórica del proletariado militante en España.

INDALECIO PRIETO

Durante más de treinta años Largo Caballero mantuvo una dura
convivencia política con Indalecio Prieto (1883-1962) el símbolo
del socialismo reformista y democrático. De origen muy humilde,
Prieto pasó por los más diversos oficios, se convirtió en periodista y encabezó el socialismo bilbaíno dotado de una notable inteligencia y una capacidad oratoria extraordinaria.

Durante la dictadura de Primo de Rivera las relaciones entre
Largo Caballero y Prieto, opuesto a la colaboración institucional,
fueron tormentosas y consolidaron una rivalidad política que era
también personal. En 1931 Prieto fue uno de los impulsores de
la entrada del PSOE en el Gobierno republicano, del que formó
parte como ministro de Hacienda y de Obras Públicas. En 1934
criticó la deriva revolucionaria del PSOE, aunque terminó secun-
dando el movimiento de octubre. Y desde 1935 buscó la alianza
con los republicanos que acabó fraguando en el Frente Popular.

Durante la guerra civil Prieto fue ministro de Marina y del Aire
del Gobierno de Largo Caballero, entre septiembre de 1936 y
mayo de 1937, y a partir de esa fecha ministro de la Defensa

Nacional del gobierno de Negrín. En marzo de 1938 fue cesado por su visión pesimista sobre la marcha de la guerra y sus malas relaciones con los comunistas. En los meses siguientes sondeó sin éxito la posibilidad de una mediación internacional y al terminar la guerra se refugió en México.

En el exilio Prieto se convirtió en el líder más destacado del socialismo español, partidario de recuperar la democracia incluso a través de un pacto con los monárquicos. Siempre fue, como él mismo dijo, «socialista a fuer de liberal». Pero cuando murió, en 1962, la dictadura franquista todavía tenía un largo futuro.

La idea en síntesis: el dirigente más destacado del socialismo obrerista.

La guerra en campo abierto: Jarama y Guadalajara

En los primeros meses de 1937 la guerra civil dejó de ser un conflicto militar de dimensiones limitadas y características primitivas. En el valle del Jarama y en los campos de Guadalajara la contienda se convirtió en una guerra moderna librada entre dos ejércitos capaces de plantear grandes operaciones en campo abierto. Madrid resistía, Mussolini sufría una humillación y Franco pensaba que, al fin y al cabo, una guerra larga podía ser el mejor camino para una victoria total.

CRONOLOGÍA

17 DE ENERO DE 1937	6 DE FEBRERO	8 DE FEBRERO
Comienza la ofensiva franquista en Málaga.	Las tropas rebeldes atacan en el Jarama.	Los italianos entran en Málaga.

El 11 de marzo de 1937, entre la niebla que cubría un bosque cercano a Brihuega, en Guadalajara, los brigadistas italianos del batallón *Garibaldi* tropezaron con una patrulla de camisas negras italianos pertenecientes al *Corpo Truppe Volontarie*. Italianos luchando contra italianos. Al parecer, en un principio los dos grupos se cruzaron palabras en italiano que inducían a la confusión. Después comenzaron a dispararse. Al poco tiempo los soldados de Musolini escucharon una voz en italiano que llegaba a través de unos altavoces: «Hermanos, ¿por qué habéis venido a esta tierra extraña a asesinar trabajadores?». Varios aviones republicanos lanzaron octavillas llamando a la deserción a los milicianos fascistas. Luego se reanudaron los combates. La guerra estaba muy cerca, a unos metros de distancia, al otro lado de la carretera. Y la patria común quedaba lejos, a miles de kilómetros de distancia.

Tablas en las orillas del Jarama. En enero de 1937 Franco seguía empeñado en la conquista de Madrid. El ataque frontal contra la capital había fracasado, y también el asalto de la carretera de La Coruña. La ciudad, asediada desde el Norte y Oeste, sobrevivía gracias a la vía de comunicación abierta con la carretera de Valencia, el cordón umbilical que la conectaba con el resto del territorio republicano. El Estado Mayor franquista diseñó un plan de ataque en dirección Oeste-Este que preveía una ofensiva por el valle del Jarama para llegar a cortar la carretera de Valencia. Si Madrid quedaba cercada, sin posibilidad de refuerzos y suministros, tendría que rendirse.

La ofensiva comenzó el 6 de febrero. La dirigía el general Varela al mando de seis brigadas, 25.000 soldados de infantería, en buena medida regulares y legionarios, y un notable despliegue de aviones, piezas de artillería y carros de combate. En los dos primeros días el

14 DE FEBRERO	26 DE FEBRERO	8 DE MARZO
Contraataque republicano en el Jarama.	Fin de los combates en el Jarama.	Ofensiva italiana en el frente de Guadalajara.

«There's a valley in Spain called Jarama / it's a place that we all know so well.»

Canción de los veteranos de la Brigada Lincoln, 1938.

ataque franquista fue arrollador, llegando hasta la orilla del río Jarama, pero las lluvias constantes detuvieron la ofensiva debido a las dificultades para atravesar los campos encharcados y la imposibilidad de vadear el río. El día 11 los sublevados consiguieron tomar dos puentes sobre el Jarama y atravesar su cauce, pero el respiro de las lluvias permitió al mando republicano el envío de refuerzos. En los días siguientes se sucedieron combates encarnizados por el dominio de cada pequeña colina y ataques y contraataques que no lograron romper el frente. Las tropas de primera línea de fuego sufrieron muchísimas bajas para ganar apenas unos metros. Ambos bandos emplearon a sus mejores reservas en acciones estériles, con claros ejemplos de incompetencia militar que dejaron exhaustos a los combatientes. A finales del mes de febrero los ataques fueron remitiendo, cada vez más débiles, y el frente quedó estabilizado. La batalla había terminado en tablas. El Ejército franquista había ocupado el sur de Madrid y alcanzado la ribera del Jarama, pero no la carretera de Valencia, su objetivo principal. El coste humano fue muy alto, entre 7.000 y 20.000 bajas, según las fuentes.

La guerra había cambiado. Los ataques directos de los regulares y los legionarios ya no hacían huir a los soldados republicanos. El asalto frontal de las columnas era una táctica colonial que ya no servía para derrotar a un enemigo cada vez más organizado y mejor pertrechado. Además de la acometividad y la disciplina ahora contaban la estrategia de las maniobras, el despliegue de carros blindados y la coordinación de los ataques aéreos.

El fracaso italiano en Guadalajara. El triunfo fácil obtenido por los italianos en Málaga en los primeros días de febrero de 1937 alimentó la ambición de Mussolini. El dictador italiano pretendía que el *Corpo*

10 DE MARZO	12 DE MARZO	18 DE MARZO
Los italianos conquistan Brihuega.	Contraataque republicano en Guadalajara.	Reconquista republicana de Guadalajara.

Truppe Volontarie (CTV), el voluminoso cuerpo expedicionario que había enviado a España, actuara unido y de manera autónoma. Que fuera el protagonista de rápidas ofensivas que condujeran en poco tiempo al final de la guerra. Victorias espectaculares que le proporcionaran réditos políticos y prestigio exterior. Para ello contaba con la experiencia de la *guerra celere*, la táctica desarrollada en las campañas coloniales: ataques rápidos apoyados en fuerzas ligeras motorizadas.

El Estado Mayor italiano, con el visto bueno de Franco, diseñó una ofensiva en el frente de Madrid. El plan preveía un ataque desde Sigüenza, con unidades blindadas y tropas desplazadas en camiones, para llegar a Guadalajara y proseguir hasta Alcalá de Henares. Allí la CTV confluiría con las tropas franquistas del Jarama, una maniobra de pinza que completaría el cerco de la capital. Roatta contaba con 35.000 hombres, más de mil camiones y un número importante de tanques, cañones de campaña y cazas de apoyo, fuerzas más que suficientes para arrollar a la división republicana que defendía la carretera general de Zaragoza a Madrid. Pero no contaba con el tiempo adverso, con las lluvias prolongadas de los primeros días de marzo y las intensas nieblas.

El ataque comenzó puntualmente el 8 de marzo sin encontrar demasiada resistencia. Pero en pocas horas los campos y los caminos se volvieron impracticables y los aviones quedaron atascados en los aeródromos. Los soldados de las «Flechas Negras» llegaron a ocupar Brihuega pero el día 12 los refuerzos republicanos se lanzaron al contraataque apoyados por varias Brigadas Internacionales y unidades de tanques rusos. Los aviones republicanos, que despegaban sin problemas desde Madrid, diezmaron a las columnas italianas que abarrotaban la carretera. Algunos grupos de soldados italianos comenzaron a replegarse sin esperar órdenes y pronto cundió el desánimo y el de-

> «La retirada fue cosa atroz, / hubo italiano que llegó hasta Badajoz.»
>
> Canción popular posterior a la batalla de Guadalajara, 1937.

22 DE MARZO

Fin de la batalla de Guadalajara.

sorden generalizado. La División Littorio, formada por tropas regulares, mantuvo el tipo y permitió una retirada escalonada que evitó una catástrofe. El día 18 los republicanos reconquistaron Brihuega. La retirada italiana continuó hasta el día 22, cuando fueron cubiertos por tropas franquistas de reserva. Las unidades republicanas detuvieron también su ofensiva. Los brigadistas internacionales y soldados de la división de Líster no habían tenido un respiro desde el inicio de la batalla del Jarama.

El fracaso de Guadalajara le costó el puesto al general Roatta, sustituido por Ettore Bastico al frente del CTV. Los italianos tuvieron casi 5.000 bajas, dejaron una gran cantidad de material bélico abandonado y 500 prisioneros que sirvieron de propaganda para la causa republicana. Y perdieron también su autonomía. Hay autores que sostienen que Franco dejó que los italianos fracasaran, sin acudir en su ayuda, para imponer su autoridad y evitar la sombra de Mussolini, humillado por la derrota. A partir de ese momento las unidades italianas actuaron siempre subordinadas a los mandos españoles en una larga guerra de desgaste que tuvo un alto coste económico y material para Italia.

El final de la batalla de Madrid. El fracaso de las ofensivas de Jarama y Guadalajara significó el final de la batalla de Madrid. El Ejército franquista había mostrado una clara superioridad militar pero era incapaz de tomar la capital, ni siquiera de cercarla. Después de cinco meses de combates la ciudad resistía. Y el Ejército republicano empezaba a tener una entidad digna de ese nombre. El final de la guerra ya no sería una cuestión de semanas ni de meses, sino de años.

LA CAÍDA DE MÁLAGA

El inicio de la batalla del Jarama coincidió casi en el tiempo con el asalto franquista a Málaga, un reducto republicano en la costa mediterránea andaluza. Las tropas franquistas estaban al mando del coronel duque de Sevilla, pero el protagonismo de la operación le correspondió al *Corpo Truppe Volontarie* dirigido por el general Roatta. El día 5 de febrero de 1937 las columnas motorizadas italianas lanzaron el ataque definitivo contra la ciudad de Málaga, bombardeada de manera insistente por la *Aviazione Le-*

gionaria. Los 12.000 milicianos que defendían la ciudad, la mayoría de la CNT, opusieron poca resistencia. No contaban con apoyo aéreo ni artillero y una tercera parte de ellos ni siquiera tenía un fusil. La población civil comenzó una huida desesperada por la carretera costera de Motril, en dirección a Almería. Las columnas de refugiados fueron masacradas por el fuego de la artillería naval del *Cervera* y el *Baleares* y por las ametralladoras de los aviones italianos. La carretera quedó sembrada de cadáveres entre escenas de pánico y desesperación.

El día 8 de febrero los sublevados ocuparon Málaga y comenzaron una de las campañas de limpieza política más brutales y sangrientas de toda la guerra. La venganza caliente de los primeros días dejó un saldo de más de mil asesinatos. En las siguientes semanas hubo más de 1.500 ejecuciones dictadas por un equipo de jueces militares entre los que se encontraba Carlos Arias Navarro, presidente del último gobierno de Franco y del primero de Juan Carlos I.

La idea en síntesis: el inicio de una larga guerra de desgaste.

El Ejército franquista

En el verano de 1936 los militares sublevados no consiguieron conquistar el poder. Pero estaban mejor preparados para afrontar el desafío de una guerra larga. Tenían un control férreo del territorio, mandos y unidades suficientes para organizar un ejército y la ventaja decisiva de la ayuda exterior. Al terminar la contienda, Franco tenía bajo sus órdenes a 1.020.500 hombres en armas, los sólidos cimientos de su dictadura.

CRONOLOGÍA

24 DE JULIO DE 1936	8 DE AGOSTO	SEPTIEMBRE
Creación de la Junta de Defensa Nacional.	Reclutamiento de los reemplazos de 1933-1935.	Cursos de formación de alférez provisional.

«**El genio español surgió** en mil manifestaciones: desde aquellas Milicias en que cristalizó el entusiasmo popular en los primeros momentos, y que formaron el primer núcleo de nuestras fuerzas de choque, a los alféreces provisionales que nuestra capacidad de improvisación creó para el encuadramiento de nuestras tropas.» Era la voz de Franco, el día 1 de abril de 1959, el xx aniversario de la Victoria, en el discurso de inauguración de la basílica del Valle de los Caídos: «Así iban surgiendo las legiones de héroes y la innumerable floración de mártires. No importaba dónde, si en la tierra, en el mar o en el aire; si entre infantes o jinetes, artilleros o ingenieros, falangistas, requetés o legionarios. Era el soldado español en todas sus versiones. Sus sangres se confundían en la Cruzada heroica, en el común ideal de nuestro Movimiento».

Los brazos armados de la sublevación. En el momento del golpe de Estado había en España 250.000 hombres armados vestidos de uniforme. Los sublevados contaron desde el primer momento con el compromiso decidido y la convicción ideológica de la mitad de los 16.000 altos mandos y oficiales del Ejército. Tenían a sus órdenes a la mitad del Ejército de Tierra peninsular (59.136), una proporción algo menor de las fuerzas de orden público (25.477) y el Ejército de África al completo (47.127), las unidades más experimentadas y mejor entrenadas, con la punta de lanza de las tropas de choque, los legionarios y los regulares, conocidos por su carácter temerario y sanguinario. A estas fuerzas había que sumar una parte menor del Ejército del Aire (2.107), con un tercio de los aparatos, y de la Marina (6.996), aunque la mayor parte de los barcos de guerra quedaron en la zona gubernamental. En total, unos 140.000 hombres.

Los militares insurgentes contaron también, desde un principio, con miles de civiles voluntarios dispuestos a empuñar las armas. Así

28 DE SEPTIEMBRE   **OCTUBRE-NOVIEMBRE**   **19 DE DICIEMBRE**

Nombramiento de Franco   Movilización reemplazos   Decreto de militarización de
como «Generalísimo».   1931-1932 y 1936.   todas las milicias.

> **«Esta Patria ha sido forjada por nuestros soldados, regada por la sangre de nuestros héroes.»**
>
> **H. S. R.**, *Héroes. Libro escolar de lectura*, 1939.

lo hicieron, en el verano de 1936, al menos 50.000 falangistas y 15.000 requetés carlistas, cifras que fueron aumentando hasta llegar a los 200.000 y 60.000, respectivamente. A este número de combatientes voluntarios hay que añadir los 70.000 marroquíes que a lo largo de la guerra fueron reclutados en las aldeas del Rif para formar parte de las Tropas de Regulares Indígenas. Y también los soldados extranjeros que fueron llegando a la Península cuando la guerra pasó a ser un conflicto internacional: 78.474 soldados italianos, 19.000 alemanes, un número menor de portugueses (entre 3.000 y 10.000) y un pequeño contingente de irlandeses (700).

El Ejército «nacional». El día 24 de julio de 1936 los insurgentes crearon una Junta de Defensa Nacional que cuatro días más tarde decretaba el estado de guerra general. Pasadas la primeras semanas, los directores del alzamiento eran conscientes de que se adentraban en una guerra civil y que las columnas improvisadas con soldados, guardias y voluntarios civiles no serían suficientes para ganarla. Había que militarizar a la población y recurrir al reclutamiento.

El 8 de agosto la Junta de Burgos decretó la movilización de los jóvenes pertenecientes a los reemplazos de 1933-1935. Hacían falta más soldados y más oficiales para mandarlos. En septiembre comenzaron los cursos intensivos de alféreces provisionales para suplir la escasez de mandos intermedios. La mayoría eran jóvenes estudiantes de clase media, voluntarios muy politizados, casi 30.000 al terminar la guerra. Con menos requisitos los soldados veteranos podían realizar los cursos de sargentos provisionales. A principios de octubre el general Franco, recién nombrado «Generalísimo» de todos los

19 DE ABRIL DE 1937	FEBRERO-SEPTIEMBRE DE 1937	ENERO DE 1938
Decreto de Unificación. Creación de la Milicia Nacional.	Movilización reemplazos de 1929-1930 y 1937-1939.	Movilización reemplazo de 1940.

ejércitos, tenía bajo su mando único a más de 150.000 hombres en armas divididos en dos Ejércitos, el del Norte dirigido por Emilio Mola y el del Sur comandado por Gonzalo Queipo de Llano. Era solo el principio.

El siguiente paso, el 19 de diciembre, fue la incorporación de las fuerzas de la milicia dentro de la organización del Ejército regular. De esa manera Franco eliminaba la autonomía de las milicias falangistas y carlistas. Sus mandos fueron sustituidos o convertidos en oficiales profesionales y sus milicias, nunca mayores que un batallón, quedaron integradas en brigadas y divisiones formadas por soldados regulares y dirigidas por jefes militares. El paso definitivo fue la aprobación del Decreto de Unificación, el 19 de abril de 1937, que agrupaba a todas las unidades falangistas y carlistas en una nueva Milicia Nacional bajo el mando del Ejército. Franco consiguió así diluir la identidad política de las facciones de la milicia dentro de la estructura de un Ejército «nacional» con un mando omnipotente y una disciplina férrea.

A lo largo de la guerra el Ejército franquista movilizó a un total de 15 reemplazos, a todos los hombres comprendidos entre los 18 y los 33 años. Con menos reemplazos movilizados que la República, la cúpula militar de Franco consiguió tener una reserva abundante y constante de hombres aptos para el servicio. El tiempo jugó a su favor. En octubre de 1937 la conquista de la cornisa cantábrica significó un nuevo granero de hombres. Cada decreto de movilización afectaba a un territorio mayor y muchos republicanos, los considerados poco peligrosos, fueron obligados a servir en las filas franquis-

«La legitimidad de los poderes del Caudillo se halla en que se los ha conferido no una minoría ni un partido, sino la nación en armas.»

Francisco de Cossío, *ABC* de Sevilla, 3 de marzo de 1938.

JULIO-NOVIEMBRE DE 1938   28 DE MARZO DE 1939   19 DE MAYO

Movilización reemplazos 1927-1928 y 1941.   Las tropas franquistas entran en Madrid.   Desfile de la Victoria.

tas. Un «reciclaje» de decenas de miles de prisioneros. A finales de ese año las órdenes de Franco movilizaban a 772.000 soldados que formaban parte de la maquinaria de un potente Ejército, el instrumento perfecto para una larga guerra de desgaste y aniquilación del enemigo.

La superioridad franquista no descansaba solo en la capacidad de movilización y organización de recursos humanos sino también en su dotación material. La cantidad y regularidad de los envíos de armas y municiones procedentes de Alemania y de Italia, sin trabas internacionales ni problemas de crédito, siempre estuvieron por encima de la ayuda soviética que recibía la República, parcial y discontinua.

En 1938 era evidente, para cualquier analista militar, que el Ejército franquista era el único capaz de ganar la guerra. Los sublevados contaban con una masa de maniobra compuesta por seis cuerpos de ejército (ocho antes de acabar el conflicto) encuadrados en tres ejércitos principales, el de Levante, el del Centro y el del Sur, dirigidos por generales experimentados como José Enrique Varela, Fidel Dávila o José Solchaga. En el verano de ese año casi 900.000 soldados, un millón al terminar el conflicto. Un ejército con capacidad para sostener operaciones ofensivas largas, con relevos y períodos de descanso para las tropas, con unidades de reserva y con una dotación material asegurada. Y sin las privaciones, los problemas de disciplina y la pérdida de moral que iban debilitando a un enemigo cada vez más acorralado y agotado.

La columna vertebral del franquismo. El Ejército, había dicho Calvo Sotelo antes de la guerra, era la columna vertebral de la patria. Y también lo fue de la dictadura franquista. El Ejército se convirtió en la institución más poderosa de la Nueva España, la garantía permanente del poder dictatorial del Caudillo. A partir de 1939 el principal cometido del Ejército fue asegurar la victoria obtenida por las armas. La justicia castrense se puso al frente de la maquinaria represiva del régimen. Y Franco utilizó a los militares para dirigir el Ministerio de la Gobernación, la Guardia Civil y la Policía y controlar a la población.

La propaganda oficial hablaba de un gran ejército victorioso, capaz de emprender nuevas gestas imperiales. Algunos mandos falangistas querían continuar la guerra en los campos europeos. Pero la realidad, como decía el historiador y también militar Gabriel Cardona, era que ese gran Ejército era «un gigante cansado y descalzo, sentado sobre un montón de chatarra».

LOS GENERALES DE FRANCO

En octubre de 1936 Franco suprimió la Junta de Defensa Nacional y creó una Junta Técnica del Estado con la clara intención de alejar a los generales del poder político. En diciembre se ocupó de ascender a general de división a Dávila, López Pinto, Mola, Orgaz y Varela, que pasaban a tener el mismo rango que Queipo de Llano, Cabanellas y Saliquet. Cuando en febrero de 1938 Franco formó su primer Gobierno incluyó en él solo a tres generales, Dávila, Gómez Jordana y Martínez Anido, ninguno peligroso desde el punto de vista político.

A lo largo de la guerra Franco acumuló todo el poder, se autonombró capitán general y cultivó un culto a la personalidad que oscureció al resto de la cúpula militar rebelde. En el seno del Ejército había diversas tendencias políticas. Falangistas como Yagüe, antidinásticos como Muñoz Grandes, antiguos republicanos como Queipo de Llano y Aranda, carlistas como Varela y Solchaga y monárquicos como Juan Vigón, Jordana, Kindelán, Orgaz, Ponte y Saliquet. Al terminar la contienda, cuando Franco dejó clara su intención de mantenerse en el poder, la única tendencia posible era la franquista.

La idea en síntesis: un millón de soldados bajo el mando único de Franco.

El Ejército Popular

«Escríbeme a la lucha, siénteme en la trinchera», escribía Miguel Hernández en medio de la guerra. Un verso que podían pronunciar cientos de miles de soldados republicanos. El Ejército Popular de la República fue improvisado a partir del otoño de 1936. Al año siguiente defendía más de 2.000 kilómetros de frente y era capaz de lanzar operaciones ofensivas aunque no de culminarlas con éxito. Y cada batalla le conducía hacia la derrota.

CRONOLOGÍA

JULIO-SEPTIEMBRE DE 1936	3 DE SEPTIEMBRE	29 DE SEPTIEMBRE
Movilización de los reemplazos 1932-1935.	Largo Caballero, ministro de la Guerra.	Decreto de militarización de las Milicias.

En 1938 un informe del Ministerio de Defensa Nacional subrayaba uno de los problemas fundamentales del ejército republicano: «Hemos caminado también demasiado más deprisa de lo que nuestras disponibilidades consienten, pues hemos creado un Ejército con el nombre de tal, con toda la nomenclatura y sistema de mandos de un Ejército regular (...) pero olvidamos que en esta organización emprendida solo hemos subido los primeros peldaños para alcanzar la cumbre». La cumbre era la victoria militar, o al menos una resistencia prolongada, hasta que cambiasen las circunstancias internacionales. Pero cuando cambiaron, en septiembre de 1939, fue demasiado tarde.

Milicianos y militares. En julio de 1936 una parte importante del Ejército y de los cuerpos policiales no se sublevó. El alzamiento fracasó en las ciudades donde la Guardia Civil y la Guardia de Asalto actuaron en defensa del Gobierno legal. Una parte muy importante de las fuerzas de orden público, incluyendo los Carabineros, fueron leales al orden institucional. Y al menos la mitad de los soldados presentes en la Península y de todos los jefes y oficiales del Ejército permanecieron pasivos o se negaron a unirse a los insurgentes. Pero una cosa era la adscripción nominal a la zona gubernamental y otra bien diferente la participación activa en las operaciones militares. De los casi 8.000 jefes y oficiales que en teoría quedaban a las órdenes del Gobierno menos de la mitad, después de los fusilamientos, las deserciones y las expulsiones, estaban disponibles para organizar la defensa.

Pocos oficiales para mandar a muy pocos soldados. En julio de 1936 muchos reclutas estaban de permiso. Y, además, el Gobierno de Casares Quiroga había ordenado la desmovilización de las unidades

10 DE OCTUBRE	16 DE OCTUBRE	FEBRERO-OCTUBRE DE 1937
Creación del Ejército Popular.	Comisariado General de Guerra.	Movilización reemplazos 1930-1931 y 1937-1939.

> **«...Con cara de gañanes tiene España / vestidos de soldados a sus hombres del pueblo.»**
>
> **Arturo Serrano Plaja,**
> «Los soldados», *El Hombre y el Trabajo*, 1938.

militares, una medida dictada con la intención de restar fuerzas a la rebelión que, en la práctica, dejó los cuarteles casi vacíos. Lo poco que quedaba en pie del Ejército no podía defender a un Estado que se derrumbaba por momentos. El poder de las armas estaba en la calle, en los casi 100.000 paisanos voluntarios que, en medio del caos y la incertidumbre de los primeros días, se sumaban a la lucha unidos a las diferentes milicias creadas por los partidos políticos, los sindicatos y los poderes locales.

Pero el valor y el entusiasmo de los milicianos servían de poco en campo abierto frente a la eficacia y la disciplina de los soldados profesionales de la Legión y los Regulares marroquíes. Faltaba organización, instrucción y equipamiento. A este hecho se añadía la descoordinación de las distintas milicias de partidos y sindicatos, que rivalizaban entre sí y competían por la posesión del poder local y el control de los recursos, con múltiples problemas de intendencia, suministro de armas y municiones.

Un ejército regular. En los primeros días de septiembre quedó formado el nuevo Gobierno de Largo Caballero, que se ocupó también personalmente del Ministerio de la Guerra. Su objetivo principal era la construcción de un ejército regular, la configuración de un Estado Mayor Central y la progresiva militarización de las milicias. Para ello aprovechó la base del llamado Quinto Regimiento, la milicia comunista que llegó a instruir a 25.000 combatientes disciplinados y a formar a muchos oficiales competentes. El 16 de octubre se creó el Comisariado General de Guerra que establecía en todas las unidades la presencia de comisarios políticos. Su cometido principal era el control político de oficiales y soldados, la difusión de propaganda y el mantenimiento de la moral de la tropa, una

18 DE MAYO DE 1937	FEBRERO DE 1938	6 DE ABRIL DE 1938
Indalecio Prieto, ministro de la Defensa Nacional.	Movilización reemplazos 1929 y 1940.	Negrín asume el Ministerio de Defensa.

labor desarrollada sobre todo por militantes comunistas.

El 18 de octubre se ordenó la formación de las seis primeras Brigadas Mixtas, cuerpos que agrupaban a varios batallones de infantería procedentes de las milicias reforzados con una dotación de servicios auxiliares (intendencia, transmisiones, artillería, sanidad, etc.). En la primavera de 1937 se habían constituido 80 Brigadas, hasta 200 al final de la guerra, aunque muchas de ellas sin la dotación mínima de hombres y material. De esta manera, las agrupaciones de brigadas comenzaron a organizar una estructura jerárquica clásica de divisiones, cuerpos de ejército y ejércitos.

Al terminar 1936, en medio de la batalla de Madrid, ya existía un Ejército del Centro más o menos organizado y también un Ejército del Sur en Andalucía. Otra cosa distinta es lo que pasaba en el frente Norte, donde los batallones vascos se negaron a formar Brigadas mixtas hasta abril de 1937, o en Cataluña, donde la militarización completa no se efectuó hasta después de los sucesos de mayo de ese

> «Reducir aquellas masas a la disciplina, hacerlas entrar en una organización militar del Estado... ha constituido el problema capital de la República.»
>
> **Manuel Azaña,**
> *Causas de la guerra de España,* 1939.

año. En el verano el Ejército Popular contaba otros tres ejércitos, el de Extremadura, el del Este y el de Levante. Y un ejército de Maniobras, diseñado por Vicente Rojo, que agrupaba a las tropas más fogueadas.

Después de un gran esfuerzo organizativo el Ejército Popular había completado su estructura. Para ello había tenido que recurrir a la movilización masiva de reclutas. Durante el Gobierno de Largo Caballero se llamaron a filas a seis reemplazos. El proceso se aceleró a

ABRIL-SEPTIEMBRE DE 1938	ENERO DE 1939	24 DE ENERO DE 1939
Movilización reemplazos 1923-1928 y 1941.	Movilización de los Reemplazos 1915-1922 y 1942.	La República declara el estado de guerra.

partir de mayo de 1937, cuando llegó al poder Juan Negrín, con Indalecio Prieto al frente del Ministerio de Defensa Nacional. Todas las energías se concentraron en el esfuerzo bélico. En la primavera de 1938 el Ejército Popular tenía 592.900 soldados desplegados en todos los frentes. Pero el 15 de abril de ese año las tropas franquistas llegaron al Mediterráneo y partieron en dos la zona republicana. El Ejército republicano perdió miles de hombres y tuvo que reorganizar su estructura y agrupar las fuerzas diseminadas y diezmadas. Negrín asumió personalmente la cartera de Defensa y en los meses siguientes llamó a filas a seis reemplazos más armados gracias a la apertura temporal de la frontera francesa.

En el verano de 1938 todas las energías se pusieron en la ofensiva del Ebro. Y allí se perdieron. Al terminar el año comenzó el ataque franquista a Cataluña, que en unas semanas empujó a las tropas republicanas hasta la frontera francesa. En enero de 1939 aún se alistaron cuatro reemplazos más. La República había llamado a las armas a todos los hombres comprendidos entre los 17 años, la llamada «quinta del biberón», y los 43-45 años. Un Ejército de reclutas cada vez más jóvenes y más viejos, con menos instrucción, con un equipo más deficiente y con una moral muy baja. El esfuerzo de guerra se agotaba y la derrota era cuestión de tiempo. El golpe militar del coronel Casado lo aceleró.

En total, a lo largo de toda la contienda, el Ejército Popular pudo movilizar a unos 800.000 hombres. A ellos hay que sumar una ayuda internacional que no fue decisiva: 36.000 combatientes de las Brigadas Internacionales y los 2.100 militares soviéticos que llegaron junto al material bélico enviado por la URSS, claramente inferior al aportado por las potencias fascistas. Los envíos de armas y municiones fueron muy irregulares y no tuvieron la entidad suficiente para plantear y ejecutar con éxito grandes operaciones ofensivas.

5 DE MARZO

Golpe militar del coronel
Casado en Madrid.

LOS MANDOS

La República no hubiera resistido casi tres años sin el concurso de un buen número de militares profesionales que permanecieron en sus puestos, al servicio de la legalidad institucional. Entre todos ellos destacó por su competencia la figura de Vicente Rojo, el mejor estratega del Ejército Popular. Junto a él hay que subrayar los nombres de Manuel Matallana, Antonio Escobar, Juan Hernández Saravia, Francisco Llano de la Encomienda y la figura controvertida de José Miaja.

Al lado de los militares profesionales destacaron los oficiales procedentes de las Milicias, la mayoría sin experiencia militar. En un principio los oficiales de las milicias no podían pasar del grado de comandante. Pero cuando la guerra se alargó y el Ejército Popular se organizó algunos dirigentes comunistas y anarquistas, no siempre los más capaces, llegaron a dirigir brigadas e incluso divisiones y cuerpos de ejército. El más sobresaliente, y el que obtuvo una mayor graduación, fue Juan Modesto, nombrado coronel en la batalla del Ebro y general en las últimas semanas de la guerra. Otros jefes destacados fueron los comunistas Manuel Tagüeña, Enrique Líster y el polémico Valentín González, «El Campesino», o los anarquistas Cipriano Mera y Miguel García Vivancos.

La idea en síntesis: el esfuerzo bélico de la República alargó una guerra que no podía ganar.

Azaña

La pluma y la palabra. Azaña decía que la escritura era la lucha de la inteligencia contra el tiempo. Su obra escrita ha sobrevivido más que su obra política, ahogada en la barbarie sangrienta de la guerra civil. También dijo, en las vísperas de la derrota, que cuando pasaran cien años «habrá mucha gente que no sepa quiénes éramos Franco y yo». Los dos han pasado a la historia como personajes centrales de la España del siglo xx. Pero con un legado bien diferente.

CRONOLOGÍA

10 DE ENERO DE 1880	1897	1909
Nacimiento en Alcalá de Henares.	Licenciado en Derecho.	Funcionario en la Dirección General de los Registros y el Notariado.

19 de enero de 1939: «Oímos el bombardeo de Igualada».

Es la última anotación del diario de Azaña. Las tropas franquistas llegan a la periferia de Barcelona. Quince días antes Azaña todavía asiste a un concierto en el Liceo con una cierta impresión de normalidad. Negrín le dice que la situación es «regular, mejor de lo que se pensaba». Pero los acontecimientos se suceden de una manera muy rápida. El día 13 el general Hernández Saravia le pide «que me vaya de aquí». El día 15 escribe: «enorme desastre. Ha desaparecido el ejército. Los del Ebro, casi sin combatir». El sábado 21 Azaña sale con su familia y el pequeño séquito presidencial que le acompaña hacia el Norte. Cuando llegan al castillo de Perelada se enteran de la caída de Barcelona. Unos días más tarde continúan su huida hasta La Vajol, un pueblecito fronterizo del Alto Ampurdán. El domingo 5 de febrero, de madrugada, en medio de un frío glacial, Azaña y los suyos cruzan a Francia. El último tramo del camino lo tienen que hacer a pie, resbalando entre placas de hielo. La penosa imagen de la derrota, del final de la República.

El símbolo del republicanismo. Manuel Azaña Díaz nació en Alcalá de Henares, en 1880, en una familia culta y de buena posición. A los diez años quedó huérfano de padre y de madre. Fue un joven tímido y solitario, volcado en la lectura, alumno del Real Colegio de Estudios Superiores que regentaban los agustinos en El Escorial, que tan bien supo reflejar, años más tarde, en su novela *El jardín de los frailes*. En 1909, después de la licenciatura y el doctorado en Derecho, ganó una oposición como funcionario de la Dirección General de Registros y del Notariado. Dos años más tarde disfrutó en La Soborna, en París, de una beca de la Junta para Ampliación de Estudios. A su regreso a España desarrolló su vocación de escritor e intelectual como

1911-1912	1912-1924	1925
Becario en París de la Junta para Ampliación de Estudios.	Militancia en el Partido Reformista de Melquíades Álvarez.	Creación de Acción Republicana.

«El padre de la República.»

Ernesto Giménez Caballero,
Manuel Azaña: (profecías españolas), 1932.

secretario del Ateneo de Madrid y colaborador asiduo en revistas (*La Pluma, España*) y periódicos (*El Imparcial* y *El Sol*). Destacó como ensayista y traductor y en 1926 llegó a obtener el Premio Nacional de Literatura por su libro *Vida de don Juan Valera.*

Un escritor metido en política. Azaña se definía a sí mismo como un «intelectual, liberal y burgués». En 1912 ingresó en el Partido Reformista de Melquíades Álvarez y continuó en sus filas hasta 1924, cuando declaró su republicanismo. Un año más tarde fundó Acción Republicana y en 1930, concluida la dictadura de Primo de Rivera, fue uno de los firmantes del Pacto de San Sebastián. A partir de ese momento su carrera política fue fulgurante. En el Gobierno Provisional de la República, surgido el 14 de abril de 1931, ocupó el puesto de ministro de la Guerra. Y desde el mes de octubre de ese año hasta septiembre de 1933 fue el Presidente del Gobierno que puso en marcha un ambicioso programa de reformas (legislación laboral, reforma agraria, separación de la Iglesia y el Estado, estatuto de Cataluña, reformas militares, derechos sociales y políticos de la mujer) que pretendían modernizar el país.

En el otoño de 1933, después de la crisis de la coalición republicano-socialista, Azaña pasó a la oposición. En octubre de 1934 fue detenido y encarcelado hasta final de año sin fundamento, lo que no le impidió continuar con el proyecto iniciado meses atrás con la fundación de Izquierda Republicana, la unificación de todas las fuerzas de la izquierda moderada. Su esfuerzo personal contribuyó a la creación de la alianza electoral del Frente Popular que, después del triunfo del 16 de febrero de 1936, volvió a poner el poder en sus manos. Azaña fue presidente del Gobierno hasta el mes de mayo, cuando la destitución de Alcalá-Zamora lo elevó al cargo de presidente de la República.

Presidente de la República en guerra. A partir del 18 de julio de 1936 Azaña ya no volvió a ser el mismo. Vivió el inicio de la guerra

14 DE ABRIL DE 1931	JUNIO DE 1931-SEPTIEMBRE DE 1933	1934
Ministro de la Guerra del Gobierno Provisional de la República.	Presidente del Gobierno.	Fundación de Izquierda Republicana.

civil como un desgarro personal, incapaz de lograr un gobierno de unidad nacional y consciente de que el abandono de las potencias democráticas equivalía a la derrota. La soledad de la República era también la suya. Azaña estuvo varias veces cerca de dimitir angustiado por la destrucción de la legalidad republicana y el horror de las matanzas. En octubre de 1936 abandonó Madrid y se trasladó a Barcelona, donde vivió aislado del Gobierno, alejado de las decisiones políticas y militares. Quienes lo visitaban lo veían cansado, enfermo y envejecido.

A lo largo de 1937 intentó impulsar un plan de mediación internacional que lograra la «suspensión de armas»: el cierre de las fronteras, la prohibición de envíos de material bélico, la retirada de extranjeros y una tregua militar. En mayo de ese año encargó a Negrín la formación de un nuevo gobierno que fuera capaz de reforzar el Estado y el Ejército y acercarse a Francia y al Reino Unido. Pero los reveses militares de 1938 acentuaron su pesimismo. Primero el esfuerzo estéril de Teruel, el derrumbe del frente del Este y después la carnicería de la batalla del Ebro y la firma del pacto de Múnich, la consumación del abandono internacional.

Desde Barcelona, Azaña fue testigo de la rápida caída de Cataluña, del desastre general que lo obligó a huir a Francia. Ya no quiso volver a España. No quería que su presencia en la zona Centro prolongara una agonía que consideraba inútil. El 26 de febrero de 1939 el Reino Unido y Francia reconocieron al gobierno de Franco. Al día siguiente, como había anunciado, Azaña dimitió de la presidencia. Y abandonó también cualquier actividad política, alejado de los debates y disputas de los exiliados. En los primeros meses de 1940 su delicada salud quebró. Y las cosas empeoraron aún más con la invasión alema-

> **«Lo que se juega ahí abajo, en la sierra, no es solo nuestro futuro, es también el vuestro.»**
>
> **Manuel Azaña,** declaración a un escritor francés, agosto de 1936.

FEBRERO DE 1936	MAYO DE 1936	19 DE OCTUBRE DE 1936
Presidente del Gobierno.	Presidente de la República.	Azaña abandona Madrid y se traslada a Barcelona.

na de Francia. Azaña tuvo que huir hacia la zona de Vichy, donde sintió el acoso de los agentes alemanes y las autoridades franquistas que exigían su expatriación. «No lo lograrán, antes habré muerto.» Así fue. Falleció el 3 de noviembre en el Hotel du Midi de Montauban. En su tumba, una simple lápida de piedra, figura una breve inscripción: «Manuel Azaña (1880-1940)».

PAZ, PIEDAD Y PERDÓN

El 18 de julio de 1938 Azaña pronunció en Barcelona el discurso más famoso de toda la guerra civil. Era la cuarta vez que hablaba en público desde el inicio de la contienda. Y fue la última. Lo hizo respondiendo a la petición del presidente del Gobierno, Juan Negrín, que leyó previamente y autorizó el texto. A las siete de la tarde Azaña llegó a la plaza de la República, en medio de una gran multitud, y después de pasar revista al Batallón Presidencial pasó al interior del Ayuntamiento. Desde la silla central del Salón del Ciento se dirigió durante algo más de una hora a los miembros del Gobierno y de la Generalitat y al resto de las personalidades reunidas.

Faltaba apenas una semana para el comienzo de la ofensiva del Ebro, la última esperanza militar republicana. Pero las palabras de Azaña no incitaban al combate. Su discurso tuvo un marcado tono pacifista. Habló del carácter internacional de la contienda, del daño irreparable que había sufrido el país, dominado por el odio y el miedo, y también de la obligación moral de los españoles de no volver, en el futuro, a caer en un abismo de sangre: «si alguna vez sienten que les hierve la sangre iracunda y otra vez el genio español vuelve a enfurecerse con la intolerancia y con el odio y con el apetito de destrucción, que piensen en los muertos y escuchen su lección: la de esos hombres, que han caído embravecidos en la batalla luchando magnánimamente por un ideal grandioso y que ahora, abrigados en la tierra materna, ya no

27 DE FEBRERO DE 1939	3 DE NOVIEMBRE DE 1940
Dimisión de la presidencia.	Fallecimiento en Montauban (Francia).

tienen odio, ya no tienen rencor y nos envían, con los destellos de su luz, tranquila y remota como la de una estrella, el mensaje de la patria eterna que dice a todos sus hijos: paz, piedad y perdón».

Para Julián Zugazagoitia, que presenció el acto, Azaña quería reivindicar su condición de español sensible a la inmensa tragedia que arruinaba el país. Puede que muchos le acusaran de derrotismo. Pero, en su opinión, un gran número de compatriotas «no habrán podido escuchar esas palabras, después de las que les dedica la propaganda, sin un estremecimiento de emoción». Una emoción que se puede reconocer tres cuartos de siglo más tarde.

La idea en síntesis: su figura personifica la República.

La movilización femenina

«A la mujer abnegada, heroica, ejemplar entre todos los horrores, la angustia y la desesperanza.» La dedicatoria que escribió Vicente Rojo, para encabezar su libro *Así fue la defensa de Madrid*, podría servir para describir el sufrimiento de todas las mujeres durante la guerra. Fueron víctimas de la violencia y padecieron en primera persona las durísimas condiciones de vida de la retaguardia. Pero también fueron sujetos activos que tomaron partido, participaron en el esfuerzo de guerra y afrontaron sus consecuencias.

CRONOLOGÍA

JUNIO DE 1934	MAYO DE 1936	SEPTIEMBRE DE 1936
Creación de la Sección Femenina de Falange.	Fundación de la asociación anarquista Mujeres Libres.	El Gobierno republicano prohíbe que las mujeres participen en el combate.

«¿Dónde está hoy el sitio de la mujer? ¿En la retaguardia o en la vanguardia? ¿Se plantea así la pregunta? No hay vanguardia ni retaguardia en la guerra civil.» La revista comunista *Mujeres* publicaba en noviembre de 1936 un manifiesto dirigido a las mujeres antifascistas: «¿Quién vestiría a nuestros milicianos, soldados y marineros? ¿Quién les prepararía la comida? ¿Quién cuidaría a sus hijos? Allí está nuestra vanguardia. La vida dura de campaña no puede ser resistida por las mujeres. Todos los hombres, todos los fusiles al frente. ¡Mujeres, alistaos al trabajo!». Los hombres al frente, las mujeres al trabajo, una consigna repetida en las dos retaguardias.

Cambio social y relaciones de género. En los años de la guerra civil se produjo la movilización femenina más intensa de la historia de España. La guerra supuso, en muchos aspectos, un cambio radical, una cesura. Pero nada empezó de cero. Desde principios del siglo XX, muchas mujeres españolas habían salido de sus casas para incorporarse al sistema educativo o al mundo laboral y para disfrutar de nuevas posibilidades de ocio y cultura. En la era de las masas, las transformaciones económicas y los cambios sociales afectaron también a las relaciones de género. Frente a la imagen tradicional de la mujer madre y esposa, relegada al ámbito doméstico, había surgido un nuevo modelo femenino, laico y urbano, la «mujer moderna», que comenzaba a cuestionar la mentalidad patriarcal.

Muchas mujeres formaron parte del movimiento obrero o del mundo asociativo de la clase media, un proceso que se aceleró a partir de 1931, con la instauración de la República. La legislación republicana garantizaba la igualdad legal de la mujer, el derecho de sufragio, el divorcio y el seguro de maternidad. Un proceso de modernización que chocaba con los sectores defensores del orden social tradicional.

OCTUBRE DE 1936	6 DE ENERO DE 1937	MAYO DE 1937
Creación en Valladolid del Auxilio de Invierno.	Primer Congreso Nacional de la Sección Femenina.	Delegaciones de Auxilio Nacional y Asistencia al Frente y Hospitales.

> **«Ayudando a nuestros compañeros a aplastar el fascismo, conquistaremos la vida por la cual da su sangre el Ejército del pueblo.»**
>
> *Muchachas.*
> *portavoz de las jóvenes*
> *madrileñas,* 10 de julio
> de 1937.

Rojas. Durante los primeros meses de la guerra, en la España republicana las mujeres aparecían reflejadas en el primer plano de los carteles de propaganda. La figura de la miliciana de mono azul y fusil al hombro fue uno de los símbolos de la lucha popular contra el fascismo. Pero en realidad esa imagen representó a una minoría muy pequeña de las mujeres republicanas y por poco tiempo. A partir de septiembre de 1936 los decretos del Gobierno de Largo Caballero prohibieron la presencia de mujeres en las trincheras y las apartaron del frente.

Durante el resto de la guerra, la imagen predominante de la propaganda republicana fue la de las heroínas de la retaguardia, madres y esposas encargadas del bienestar de la familia y la colectividad, dedicadas a labores de apoyo en la retaguardia. Madres combativas dispuestas al sacrificio de sus hijos para la causa común, como recordaba en sus discursos más emotivos Dolores Ibárruri, la *Pasionaria*: «Más vale ser viudas de héroes que mujeres de cobardes».

En el territorio republicano fueron muy importantes varias asociaciones de mujeres que organizaron la movilización femenina. La Agrupación de Mujeres Antifascistas (AMA), de tendencia comunista, consiguió encuadrar a más de 60.000 mujeres, con nombres conocidos como los de Margarita Nelken, Victoria Kent, Constancia de la Mora o Isabel de Palencia. También tuvo peso, sobre todo en Cataluña, Mujeres Libres, un colectivo anarquista que llegó a agrupar a 20.000 militantes. El proyecto de Mujeres Libres incluía la lucha por la emancipación integral de la mujer pero, en la práctica, el objetivo

OCTUBRE	OCTUBRE DE 1938
Decreto franquista que establece el Servicio Social de la Mujer.	II Conferencia Nacional de la Asociación de Mujeres Antifascistas.

principal de todas las organizaciones de mujeres fue la implicación femenina en el esfuerzo de la guerra.

El papel de las mujeres fue fundamental para asegurar la supervivencia de la población civil en medio del hambre, los bombardeos, la escasez de alimentos y combustible, el racionamiento, los problemas de higiene y de vivienda, la evacuación de refugiados y las duras condiciones de vida impuestas por las circunstancias de una larga guerra de desgaste. Pero, además de madres y amas de casa, las mujeres salieron al espacio público consiguiendo una mayor autonomía de movimiento. Las labores de auxilio voluntario, asistencia social y sanitaria, madrinas de guerra, el trabajo en fábricas de municiones y material bélico o en los medios de transporte público, la participación en los servicios comunitarios y la colaboración en actividades culturales y educativas proporcionaron a muchas mujeres una experiencia nueva, un mayor reconocimiento de su condición social. Y también un grado mucho mayor de compromiso político que no pasó inadvertido al sistema represión franquista. Durante la guerra, y en la inmediata posguerra, muchas mujeres fueron encarceladas y ejecutadas por su actuación durante la contienda.

> «Esta segunda línea de fuego que es el hospital del dolor, el luto y las privaciones, el sacrificio y la plegaria.»
>
> Concha Espina,
> *Las alas invencibles,* 1938.

Azules. En julio de 1936 la Sección Femenina de Falange, dirigida por Pilar Primo de Rivera, contaba apenas con 2.500 mujeres afiliadas en todas España. En el otoño su número aumentó hasta las 50.000. Un proceso parecido se vivió en las zonas de arraigo de la Comunión Tradicionalista, que ya antes de la guerra sumaba más de 20.000 asociadas, llamadas *Margaritas.* Mujeres falangistas y carlistas, mujeres monárquicas de Renovación Española y mujeres católicas pertenecientes al entramado asociativo de la Iglesia, muy importante en el mundo rural. En la zona contralado por los sublevados las mujeres participaron, desde las semanas iniciales de la guerra, en los desfiles y manifestaciones, las ceremonias de reposición de crucifijos, los funerales por los «caídos» en el frente, las misas y las bendiciones de banderas.

Y no solo como asistentes. Muchas jóvenes se encargaron de recaudar fondos, gestionar las suscripciones patrióticas (el Plato Único, el Lunes sin Postre o el Aguinaldo del Soldado), distribuir propaganda, recoger ropa de abrigo y alimentos, trabajar en lavaderos y talleres de confección o asistir como voluntarias en hospitales, cocinas y comedores. La movilización femenina improvisada del verano de 1936 comenzó a organizarse a lo largo del otoño. En octubre Mercedes Sanz Bachiller, la viuda de Onésimo Redondo, inauguraba en Valladolid un comedor para niños llamado Auxilio de Invierno. A partir de abril de 1937, después del Decreto de Unificación, pasó a denominarse Auxilio Social de FET-JONS, la base de la institucional asistencial más conocida del franquismo. El Decreto de Unificación creó también la Delegación de Asistencia al Frente y Hospitales, dirigida por una militante carlista, Urraca Pastor. La guerra se libraba también en la retaguardia, en la capacidad de cada bando para obtener recursos humanos y materiales. Una movilización que cambió de objetivo después de la victoria de las armas. Como dijo el falangista Raimundo Fernández Cuesta en 1938, «la mujer llevará al hogar las normas de la nueva España que nace».

PILAR PRIMO DE RIVERA

La biografía de Pilar Primo de Rivera y Sáenz de Heredia estuvo condicionada por dos hombres. Su padre, Miguel Primo de Rivera y Orbaneja, dictador de España entre 1923 y 1930, y sobre todo su hermano José Antonio, fundador y referente mítico de Falange Española. Pilar nació en Madrid, en 1907, y recibió una educación católica y tradicional. En 1933 participó en el acto fundacional de Falange y apoyó a su hermano José Antonio dentro del Sindicato Español Universitario (SEU). Un año más tarde creó la Sección Femenina de Falange, de la que ostentó el cargo de delegada nacional durante más de 40 años. En el verano de 1936, cuando estalló la rebelión militar, Pilar estaba en Madrid. Después de pasar por varios escondites logró refugiarse en la embajada alemana y de allí, con documentación falsa, viajó hasta el puerto de Alicante.

Pilar se instaló en Salamanca. La ejecución de su hermano José Antonio en la cárcel de Alicante la convirtió en el referente vivo del fundador de Falange, en la guardiana de su memoria y su obra. En abril de 1937 Franco publicó el Decreto de Unificación, pero Pilar consiguió que la Sección Femenina conservara su propia identidad. Durante la guerra civil su actividad fue intensa. Visitó los frentes de combate, mantuvo contacto con Hitler y Mussolini y compitió con Mercedes Sanz Bachiller, la creadora del Auxilio de Invierno, para imponer su discurso de subordinación femenina, el regreso de las mujeres al ámbito familiar, a su papel doméstico como esposas y madres, como «ángel del hogar».

Durante el franquismo Pilar acató el poder de Franco, fue procuradora en Cortes, consejera nacional del Movimiento y, desde 1960, condesa del Castillo de La Mota. La Sección Femenina sobrevivió hasta 1977, y su dirigente principal hasta marzo de 1991. El final de la «hermana viuda», de la «novia eterna».

La idea en síntesis: la retaguardia fue un espacio fundamentalmente femenino.

El Estado franquista

Las bases del régimen franquista se construyeron durante la guerra civil. Un Estado nuevo levantado sobre las ruinas destruidas de la España liberal, parlamentaria y democrática. Un Estado totalitario edificado sobre los cimientos del mando único del Ejército, del partido único fascista, de la única fe verdadera y de un líder providencial exaltado como Caudillo.

CRONOLOGÍA

24 DE JULIO DE 1936	1 DE OCTUBRE	19 DE DICIEMBRE
Junta de Defensa Nacional.	Franco es proclamado Jefe del Estado. Creación de la Junta Técnica de Estado.	Decreto de militarización de todas las milicias.

El 1 de octubre de 1936 Franco recibía en la capitanía general de Burgos, de manos del general Cabanellas, los poderes de la Junta de Defensa. En el exterior del edificio, custodiado por una guardia de honor formada por soldados y milicianos falangistas y carlistas, la multitud vitoreaba su nombre brazo en alto. En el interior, en el salón principal, asistían al acto los mandos militares españoles que encabezaban la rebelión y varios representantes diplomáticos de Italia, Alemania y Portugal. Sus palabras fueron premonitorias: «Mi General, señores generales y jefes de la Junta: Podéis estar orgullosos, recibisteis una España rota y me entregáis una España unida en un ideal unánime y grandioso. La victoria está de nuestro lado. Ponéis en mis manos a España y os aseguro que mi pulso no temblará, que mi mano estará siempre firme». Tenía razón. La victoria militar iba a estar de su lado. Y España quedaría en sus manos durante el resto de su vida.

El fin del Estado campamental. En octubre de 1936 Franco era el jefe de un Estado que no existía, de unas instituciones improvisadas sobre la marcha, como en campaña. El primer paso fue la creación de Junta Técnica de Estado, presidida por el general Fidel Dávila, que contaba con siete comisiones o departamentos, una secretaría de asuntos extranjeros y una de carácter general que recayó en manos del consejero más cercano a Franco, su hermano Nicolás. Una Administración muy rudimentaria dirigida por militares fieles y políticos cercanos a los monárquicos alfonsinos. Pero desde un principio quedaba muy clara la primacía del poder militar. Franco representaba la unidad de mando reclamada tanto por los militares rebeldes como por las fuerzas políticas que habían apoyado la sublevación. Tenía las mejores tropas, el apoyo de Alemania e Italia, una posición política poco marcada y una

19 DE ABRIL DE 1937	30 DE ENERO DE 1938	9 DE MARZO
Decreto de Unificación. Creación de FET y de las JONS.	Formación del primer Gobierno de Franco.	Promulgación del Fuero del Trabajo.

> «La unidad española se consigue en la sumisión de todos sus hombres y todas sus partes a una sola disciplina, a una sola obediencia, a un solo jefe.»
>
> **Raimundo Fernández Cuesta,** discurso pronunciado el 1 de octubre de 1938.

imagen de jefe guerrero y cruzado católico que la propaganda construía con gran celeridad. Si Hitler era el *Führer* y Mussolini el *Duce*, Franco sería el *Caudillo*. Como repetían los titulares de los periódicos, «Una Patria, un Estado, un Caudillo».

Un líder carismático, un verdadero caudillo, no podía basar su poder en un acuerdo temporal de un grupo de generales. Necesitaba una doctrina política y un partido único para que una dictadura provisional se convirtiera en un proyecto político totalitario con voluntad de permanencia. Un poder absoluto e incontestable reforzado día a día por la lógica de una guerra total. Desde el primer momento Franco mostró una decidida voluntad de eliminar el espacio de autonomía política que disfrutaban las dos organizaciones de masas paramilitares de la España nacionalista: el carlismo, dividido y limitado geográficamente, y el falangismo, con una base territorial más extensa pero sin cabeza visible desde el encarcelamiento y posterior fusilamiento de José Antonio Primo de Rivera.

En diciembre de 1936 Franco impuso el exilio de Fal Conde, el secretario de la Comunión Tradicionalista, y la militarización de todas las milicias. Comenzó entonces el proceso de construcción de un partido único creado desde el Estado, un partido de tintes fascistas que incluyera a sectores tradicionales como los carlistas, los católicos y los monárquicos alfonsinos. Ese proceso de unificación fue dirigido por Ramón Serrano Suñer, el cuñado de Franco que había arribado al Cuartel General de Salamanca en febrero de 1937, un jurista familiarizado con la estructura del régimen fascista italiano. Serrano fue el autor del texto del Decreto de Unificación promulgado el 19 de abril

5 DE ABRIL	**22 DE ABRIL**	**13 DE FEBRERO DE 1939**
Anulación del Estatuto de Cataluña.	Publicación de la Ley de Prensa.	Ley de Responsabilidades Políticas.

de ese año. Se creaba no un nuevo partido sino un «Movimiento», Falange Española Tradicionalista y de las JONS, que seguía los 26 primeros puntos del programa de Falange pero quedaba claramente subordinado al Gobierno de Franco, el jefe y fundador de la nueva organización.

El primer Gobierno de Franco. El 30 de enero de 1938 Franco formó su primer gobierno, una estructura política totalitaria construida y dirigida por Serrano Suñer, convertido en el hombre fuerte del régimen. La fuerte impronta fascista del Gobierno no impedía que entre sus miembros hubiera representantes de los diferentes sectores ideológicos que habían apoyado la sublevación. Había militares como Francisco Gómez Jordana, Fidel Dávila y Severiano Martínez Anido, encargados de Asuntos Exteriores, Defensa y Orden Público, respectivamente; monárquicos católicos como Pedro Sáinz Rodríguez, que consiguió la cartera de Educación, y tradicionalistas como el conde de Rodezno, al frente de Justicia. Pero Serrano Suñer se reservó la Secretaría del Consejo y el Ministerio de Interior. Y quedaron también en manos falangistas el Ministerio de Agricultura y el de Organización y Acción Sindical, con nombres propios como los de Raimundo Fernández Cuesta o Pedro González Bueno.

En los meses siguientes el nuevo Estado franquista, cada vez más segura la victoria militar, entró en un fuerte proceso de fascistización. En marzo se aprobó el Fuero del Trabajo, la primera de las «Leyes Fundamentales» del régimen, un texto corporativista, claramente inspirado en la *Carta del Lavoro* de la Italia de Mussolini, que permitía el control desde arriba de todos los productores. Un mes tarde se publicaba la Ley de Prensa, vigente hasta 1966, que convertía a los medios de comunicación en un instrumento de control social y adoctrinamiento político. Y se abolía el Estatuto de Cataluña, «en mala hora concedido por la República». Todos los poderes quedaban subordina-

> «Esto parece que toma rumbos de poder personal indefinido.»
>
> **Conde de Rodezno,** anotación en su diario, 20 de mayo de 1939.

dos a un Estado totalitario dispuesto a perseguir a los vencidos, como quedó de manifiesto en febrero de 1939 con la publicación de la Ley de Responsabilidades Políticas.

Al terminar la guerra Franco había conseguido su principal objetivo, una victoria absoluta y una rendición incondicional, pero no disfrutaba aún de un poder ilimitado. Tuvieron que pasar unos años para que eso ocurriera. Entre 1941 y 1942, con el telón de fondo de la segunda guerra mundial, los falangistas radicales perdieron sus esperanzas de acceder al poder. Un año más tarde fracasaban las tentativas de los generales monárquicos de poner coto al poder del Caudillo. A partir de ese momento ya solo se podía ser una cosa, franquista.

SERRANO SUÑER

El arquitecto del régimen franquista. El *cuñadísimo*. Ramón Serrano Suñer vivió más de cien años (1901-2003) pero ha pasado a la historia de España por el papel protagonista que desempeñó en la fase final de la guerra civil y los primeros años de la dictadura. Cinco años en el poder con una huella fascista y beligerante muy marcada.

En 1931 Serrano Suñer se casó con Zita Polo, hermana de la mujer de Franco, y fue candidato a diputado por la Unión de Derechas de Zaragoza. Dos hechos que marcaron el futuro de su carrera política. Entonces no consiguió el escaño, pero sí lo hizo en las elecciones de 1933 y 1936, integrado ya en la CEDA, aunque siempre bien relacionado con el falangismo, el fruto de una vieja amistad con José Antonio Primo de Rivera. En julio de 1936 el fracaso del golpe de Estado le obligó a buscar refugio en varias casas de Madrid, lo que no evitó su detención y traslado a la cárcel Modelo. Serrano tuvo la suerte que les faltó a sus hermanos José y Fernando, asesinados en el terror caliente de ese verano. Gracias a la ayuda de Gregorio Marañón fue internado en la Clínica España, desde donde logró evadirse primero a la embajada de Holanda y después a Alicante para salir en barco de la zona republicana.

En febrero de 1937 Serrano llegó a Salamanca y se integró en el Cuartel General de Franco. Contribuyó al diseño del Decreto de Unificación y a la reorganización de la Administración. En abril de 1938 Franco lo nombró ministro del Interior y un año más tarde, después de la victoria militar, ministro de Gobernación y presidente de la Junta Política de FET y de las JONS. Serrano Suñer se convirtió así en la persona más poderosa del régimen después de Franco. En compañía del dictador, se entrevistó con Hitler en noviembre de 1940 y con Mussolini en febrero de 1941. En junio promovió la formación de la División Azul para participar en la invasión nazi de la URSS —«¡Rusia es culpable!»— y actuó en favor de la entrada de España en la guerra.

En el verano de 1942, después de un sonado enfrentamiento entre carlistas y falangistas en Begoña, Serrano fue cesado de todos sus cargos. Había perdido la confianza de Franco al mismo tiempo que se ganaba la enemistad de la Iglesia, el Ejército y los sectores monárquicos y carlistas del Régimen. Además, la guerra en Europa comenzaba a cambiar de signo y el régimen franquista pronto se sentiría incómodo con el espíritu fascista que representaba Serrano Suñer.

La idea en síntesis: el franquismo nació durante la guerra como un Estado totalitario.

El Estado republicano

En el verano de 1936 la República tuvo que hacer frente a una rebelión militar y a una revolución obrera. La legalidad institucional se vino abajo, pero los sublevados no lograron la conquista del poder y los revolucionarios ni siquiera se lo plantearon. Acosado por las necesidades de la guerra, el Estado republicano comenzó su reconstrucción. Logró recomponer el orden en la retaguardia y llevó al frente la disciplina y la firmeza que faltaban. Pero no pudo evitar la derrota.

CRONOLOGÍA

18-19 DE JULIO DE 1936	4 DE SEPTIEMBRE	27 DE SEPTIEMBRE
Gobierno de Martínez Barrio. Nuevo Gobierno de José Giral.	Gobierno de coalición dirigido por Largo Caballero.	La CNT participa en el nuevo Gobierno de la Generalitat.

«La situación en Madrid se había hecho caótica. El poder público, pulverizado, estaba en la calle, y un fragmento del mismo en las manos y la disposición de cada ciudadano incorporado al antifascismo, que usaba de él a la manera que mejor le cuadraba a su temperamento. Las arbitrariedades no iban a tardar en presentarse, escoltadas de violencias fatales. El Gobierno carecía de autoridad para corregirlas.» De esta manera contaba Julián Zugazagoitia, en *Guerra y vicisitudes de los españoles*, el inicio de la guerra en la capital, el derrumbe del Estado republicano.

Verano del 36. «Es tarde, muy tarde.» Así contestó el general Mola, la noche del 18 de julio, al intento de mediación de Diego Martínez Barrio, que había recibido el encargo de Azaña de formar gobierno. Un gabinete que apenas duró unas horas. Martínez Barrio no podía negociar con los militares sublevados, no contaba con el apoyo de más fuerzas políticas que los republicanos y no estaba dispuesto a proporcionar armas a los sindicatos. El domingo 19 de julio por la mañana Azaña nombró un nuevo gobierno republicano dirigido por José Giral que, a cambio de la apertura de los arsenales de armas, recibía el visto bueno de socialistas y sindicalistas.

El Gobierno tenía que enfrentarse al doble problema de la rebelión militar y del estallido de la revolución. Los republicanos tenían el poder institucional pero, sin Ejército ni fuerzas de seguridad, el poder de la calle y la capacidad de movilización quedaban en manos de múltiples grupos armados, patrullas y comités pertenecientes a partidos políticos y a organizaciones obreras, fragmentados y divididos entre sí.

Sin embargo, los revolucionarios no conquistaron el poder político. Y eso permitió que el Estado republicano, que se había venido abajo en apenas unas horas, pudiera empezar, poco a poco y con

7 DE OCTUBRE	5 DE NOVIEMBRE	7 DE NOVIEMBRE
Primer Gobierno de Euskadi dirigido por el *lehendakari* Aguirre.	Nuevo Gobierno de Largo Caballero con cuatro ministros de la CNT.	El Gobierno se traslada de Madrid a Valencia.

> **«El Gobierno no tolerará jamás que en territorio de su mando se atente contra su autoridad.»**
>
> Declaración de Juan Negrín a la prensa, *El Socialista*, 22 de mayo de 1937.

muchas dificultades, a recomponerse. Para ello era necesario un gobierno de coalición que representara a las fuerzas del Frente Popular y que contara con la participación activa de las centrales sindicales. La marcha de la guerra obligada a ello. Las milicias armadas perdían terreno y los militares sublevados, ayudados por Berlín y Roma, avanzaban hacia Madrid.

La coalición antifascista. Francisco Largo Caballero era el político más cercano a la clase obrera, el más indicado para presidir un Consejo de Ministros de amplia representación, con republicanos, socialistas y comunistas. Unir todas las fuerzas republicanas y obreras con un único objetivo compartido: ganar la guerra. El 4 de septiembre formó un gabinete compuesto por seis ministros socialistas, incluidos moderados como Indalecio Prieto y Juan Negrín, cinco republicanos, con el mismo José Giral como ministro sin cartera y dos comunistas. Las negociaciones con el PNV culminaron con la entrada en el Gobierno de Manuel de Irujo. A cambio, el Gobierno aprobó a marchas forzadas el estatuto vasco de autonomía y propició que el 7 de octubre una asamblea de concejales proclamara a José Antonio Aguirre como primer *lendakari* y presidente de un gobierno autónomo de concertación, de mayoría nacionalista, que en realidad solo controlaba el territorio vizcaíno.

Solo faltaba la CNT. El primer paso se dio en Barcelona. El 26 de septiembre el presidente de la Generalitat, Lluís Companys, nombró un nuevo gobierno, encabezado por Josep Tarradellas, con la participación de las fuerzas principales del Comité Central de Milicias (CNT, PSUC, Esquerra Republicana, POUM). Después de varios plenos confederales, la central anarcosindicalista acordó entrar en el Gobierno de Largo Caballero. El 4 de noviembre cuatro ministros anarquistas tomaban posesión de sus cargos. Tres días más tarde, con

17 DE MAYO DE 1937	5 DE ABRIL DE 1938	24 DE ENERO DE 1939
Juan Negrín, presidente de Gobierno.	Negrín se hace cargo del Ministerio de Defensa.	Proclamación del estado de guerra.

las tropas rebeldes en la orilla del Manzanares, el Gobierno decidía el abandono de Madrid y el traslado a Valencia. La batalla de Madrid fue un éxito inesperado ajeno al Gobierno. Los militares republicanos ganaron prestigio y los comunistas una importancia política inimaginable antes de la guerra. En febrero de 1937 la caída de Málaga aumentó las críticas hacia la dirección política y militar de Largo Caballero. El Gobierno central no conseguía controlar todo el territorio republicano, con resistencias notables a su autoridad en el País Vasco y en Cataluña. Los comunistas y una parte de los socialistas pedían que Caballero dejara el Ministerio de la Guerra. La crisis gubernamental fue irreversible a partir de los enfrentamientos violentos ocurridos en las calles de Barcelona en los primeros días de mayo. Azaña, aislado en Barcelona en medio de la revuelta, tomó la determinación de impulsar un cambio político.

> **«El Estado, en su forma más miserable, estaba derrumbado por calles y plazas.»**
>
> **Julián Zugazagoitia,** comentario sobre la caída de Cataluña, en *Guerra y vicisitudes de los españoles,* 1940.

Resistir para forzar la paz. Azaña decidió encomendar la formación de un nuevo gobierno a Juan Negrín, representante del sector moderado del PSOE. Negrín formó un gobierno sin presencia sindical, integrado por otros dos socialistas, Indalecio Prieto como ministro de Defensa Nacional y Julián Zugazagoitia en Gobernación, tres republicanos, dos comunistas, un representante de Esquerra de Cataluña y otro del PNV. Un gobierno de Frente Popular, con la fortaleza suficiente para asegurar el orden y dirigir el Ejército Popular. Un Estado capaz de vender tan cara su derrota como para forzar a Franco a aceptar una mediación internacional que pusiera fin a la guerra.

En política interior, el Gobierno de Negrín asumió el control del orden público en Cataluña, disolvió el Consejo de Aragón y retomó el control de las fronteras. En el apartado militar, el esfuerzo de orga-

1 DE FEBRERO	28 DE FEBRERO	29 DE MARZO
Reunión de las Cortes en el castillo de Figueres.	Diego Martínez Barrio, nuevo presidente de la República.	Las tropas franquistas entran en Madrid.

nización consiguió movilizar un reemplazo tras otro y asegurar la disciplina de las tropas y la coordinación de los mandos. Pero la guerra solo daba malas noticias. Primero, en el verano de 1937, el desgaste inútil de Brunete y Belchite. Después, en el otoño, la desaparición del último reducto republicano en el Norte. Y en los primeros meses de 1938 la pérdida de Teruel y el derrumbe del frente de Aragón. En abril Negrín sustituyó a Prieto y se hizo cargo él mismo de la cartera de Defensa con una máxima muy clara: resistir. Mantener el esfuerzo bélico con la esperanza puesta en un cambio de actitud de las potencias democráticas.

Pero ni Francia ni el Reino Unido variaron sus posiciones respecto a España. No lo habían hecho desde el principio de la guerra y mucho menos lo iban a hacer después del pacto de Múnich, firmado a finales del mes de septiembre. Para entonces el resultado de la batalla del Ebro todavía era incierto, pero el de la guerra no tenía discusión. Y detrás de Negrín ya no había ningún proyecto político alternativo. Solo la negociación militar. En enero de 1939 la resistencia republicana se derrumbó en Cataluña. En febrero Azaña pasó a Francia y terminó dimitiendo cuando los franceses y los británicos reconocieron a Franco. En marzo el coronel Segismundo Casado creó un Consejo Nacional de Defensa en Madrid con la intención de acabar la guerra cuanto antes. En unos días. A partir de ese momento el Gobierno de la República sería una entelequia, una historia de exiliados y refugiados.

JOSÉ GIRAL

Un hombre de Estado. José Giral Pereira (Santiago de Cuba, 1879-México, 1962) ha pasado a la historia por su condición de presidente de Gobierno de la República en el sangriento y caótico verano de 1936. No era la primera vez que asumía responsabilidades de gobierno, y no sería la última.

Giral era catedrático de Química, con una sólida formación como investigador y una antigua militancia republicana, siempre cercano a su amigo Manuel Azaña. En 1931 fue nombrado rector de la Universidad de Madrid. De allí salió para formar parte de los primeros gobiernos de Azaña como ministro de Marina, hasta el verano de 1933. En la primavera de 1936 volvió de nuevo a hacerse cargo del mismo ministerio, donde le sorprendió el golpe de Estado. Después de su breve experiencia como presidente del Consejo de Ministros no dejó la política. Su compromiso con la República continuó hasta el final de la guerra. Fue ministro sin cartera del Gobierno de Largo Caballero y ministro de Estado con Juan Negrín. En 1939 Giral estaba al lado de Azaña en el paso de la frontera de Francia y en su primer refugio en la embajada española en París.

El resto de la vida de José Giral transcurrió en México, donde volvió ejerció como profesor de química. En 1945 volvió a asumir durante dos años la presidencia del gobierno republicano en el exilio, todavía con la esperanza de que el final de la segunda guerra mundial fuera también el final de Franco. Pero la esperanza murió en el exilio.

La idea en síntesis: un Estado reconstruido en medio de la guerra.

El final del frente Norte

La zona Norte de la República fue ocupada por los sublevados en una dura campaña desarrollada entre la primavera y el otoño de 1937. A partir de ese momento la superioridad franquista, tanto desde el punto de vista militar como económico, parecía incuestionable. La guerra solo podía tener un vencedor y Franco no tenía prisa por demostrarlo. Como le dijo entonces al embajador italiano, su objetivo no era conquistar el territorio, sino a sus habitantes.

CRONOLOGÍA

31 DE MARZO DE 1937	26 DE ABRIL	3 DE JUNIO
Inicio de la campaña del Norte. Bombardeo de Durango.	La Legión Cóndor bombardea Guernica.	Muerte de Mola en accidente aéreo.

«De ese día mucho me acuerdo. Recuerdo que el bombardeo fue por la tarde.»

El lunes 26 de abril de 1937 Francisco Arana era un joven de trece años que vivía en Guernica: «Allá nos tumbamos todos en el suelo. Venían en una oleada, yo no me atrevía ni a mirar arriba. Un ruido horrendo, y bombas que caían. Estábamos a un paso del pueblo. Luego, cuando nos levantamos no nos teníamos del temblor. Nos levantábamos y nos caíamos. Íbamos para casa y no nos dejaron entrar, que no podíamos pasar porque estaba todo el pueblo ardiendo. Se veían las llamas. Del pueblo ya no había nada. El miércoles empezamos a oír por los caseríos: ¡que vienen los fascistas!, ¡que vienen los fascistas! Empezaron a tirar tiros, porque venían por allí. Aquello era una desbandada, todos los gudaris en desbandada. Yo fui andando seis kilómetros. Ahora uno ve por la televisión que la gente en las guerras va por las carreteras y los bombardean con aviones y van evacuados, y escapándose. Yo fui uno de esos también».

El País Vasco. En marzo de 1937 el Estado Mayor rebelde y los consejeros alemanes consiguieron que Franco aparcara su obsesión por Madrid y autorizara el inicio de la campaña del Norte, un objetivo deseado por el general Mola desde el comienzo de la guerra. Los sublevados esperaban obtener el botín de las reservas de hierro y carbón y las fábricas de armas y municiones. Y liberar, de paso, un gran contingente de tropas que podría reforzar el resto de los frentes. Mola contaba con la División de Navarra, formada por varias brigadas de requetés, las divisiones del CTV italiano y la fuerza destructiva de los aviones de la Legión Cóndor, establecidos en los aeródromos cercanos de Vitoria y de Burgos, dispuestos a apoyar todas las acciones terrestres, destruir las comunicaciones y quebrar la moral de los republicanos.

19 DE JUNIO	**17 DE AGOSTO**	**24 DE AGOSTO**
Las tropas franquistas entran en Bilbao.	Unidades italianas conquistan el puerto del Escudo.	«Pacto de Santoña.»

> **«He decidido terminar rápidamente la guerra en el norte. Si la rendición no es inmediata, arrasaré Vizcaya hasta los cimientos.»**
>
> **Emilio Mola,**
> octavilla de propaganda,
> marzo de 1937.

El jefe de Estado Mayor de Mola, el coronel Juan Vigón, planeó una ofensiva en dos frentes, un ataque combinado desde Guipúzcoa hacia Mondragón, dirigido por Rafael García Valiño, y otro desde Vitoria hacia Ochandiano comandado por las fuerzas de Camilo Alonso Vega. Las operaciones comenzaron el 31 de marzo. La aviación italiana y alemana debilitaron las defensas fortificadas vascas y concentraron sus bombas sobre Durango, un cruce importante de comunicaciones, provocando más de 200 muertos entre la población civil. El 20 de abril, después de varias semanas de duros combates, las brigadas navarras lograron romper el frente de Guipúzcoa. El día 26 tuvo lugar el bombardeo de Guernica, una masacre que levantó una oleada de protestas en todo el mundo.

Los batallones vascos en retirada se reorganizaron en torno al «cinturón de hierro», una línea fortificada que protegía Bilbao. El Gobierno de Valencia, con el consentimiento del *lendahakari* Aguirre, nombró al general Mariano Gamir Ulibarri como jefe militar de los defensores, que apenas contaban con aviación ni artillería y sufrían el bloqueo naval de la marina franquista. En la cúpula militar franquista también hubo un cambio forzado por la muerte en accidente aéreo del general Mola, ocurrida el 3 de junio. Se hizo cargo de las operaciones el general Fidel Dávila, que unos días más tarde reanudó el asalto definitivo a Bilbao. El día 12 la línea defensiva quebró, al día siguiente el Gobierno vasco abandonó la ciudad y el día 19, sin apenas resistencia, los sublevados entraron por sus calles.

26 DE AGOSTO	29 DE AGOSTO	5-22 DE SEPTIEMBRE
Santander es ocupado por los sublevados.	Creación del Consejo Soberano de Asturias.	Batalla de El Mazuco.

Cantabria. El asalto franquista contra Santander se retrasó por la ofensiva republicana en Brunete. Pero su caída parecía cuestión de tiempo. La superioridad del ejército de Dávila era aplastante. El 14 de agosto las tropas franquistas reanudaron el ataque con un gran apoyo aéreo y artillero. El 16 las brigadas navarras ocupaban Reinosa y un día más tarde los soldados italianos conquistaban el Puerto del Escudo. Las tropas franquistas avanzaron rápidamente por los valles, en dirección al mar Cantábrico, mientras otras unidades italianas lo hacían por la costa. Rota la primera línea de defensa, el desorden fue general. El día 22 caía Cabezón de la Sal poniendo en peligro el repliegue de las unidades republicanas sobre Asturias. Mientras tanto, varios batallones vascos, desobedeciendo las órdenes recibidas, se reunían en Santoña con la esperanza de lograr una rendición pactada ante los italianos que garantizara la ausencia de represalias y la evacuación por mar. Pero el llamado «Pacto de Santoña» quedó en papel mojado. Los *gudaris* fueron confinados en varias cárceles y campos de concentración y comenzaron los juicios sumarios y las ejecuciones. Una represión que fue mucho mayor aún en Santander, donde las tropas franquistas entraron el día 26 y tomaron miles de prisioneros en medio del desconcierto general y la huida precipitada de los mandos y las autoridades republicanas.

«Hablar del Ejército del Norte era un eufemismo. Había las milicias de Asturias, las milicias de Santander y las del País Vasco, que en general actuaban cada una con sus propios mandos.»

Dolores Ibárruri,
El único camino, 1963.

21 DE OCTUBRE

Caída de Gijón y Avilés.
Final de la zona Norte
republicana.

Asturias. Santander había caído justo cuando el Ejército republicano iniciaba la ofensiva de Belchite para aliviar su situación. En esta ocasión Franco no quiso detener su ataque. Mientras tanto, de manera sorpresiva, el Consejo Provincial de Asturias y León se proclamaba Consejo Soberano. El socialista Belarmino Tomás asumía el poder político y el coronel Adolfo Prada el mando militar de una fuerza de unos 40.000 milicianos mal armados, bloqueados y sin apenas suministros. Enfrente tenían al ejército del general Dávila, más de 100.000 hombres divididos en dos sectores, el de la costa y el de los montes de León.

El avance franquista comenzó el 1 de septiembre y se encontró con la resistencia desesperada de los batallones asturianos, aferrados a las montañas. Las tropas sublevadas necesitaron una semana para llegar a Llanes y hasta el 8 de octubre no lograron cruzar el Sella. Para entonces las unidades de Aranda, que avanzaban desde el Sur, habían tomado el puerto de San Isidro. El día 14 caía Infiesto y Arriondas y el 20 Villaviciosa. La suerte estaba echada. Cerca de 9.000 soldados y civiles lograron llegar a Francia en pequeñas embarcaciones y muchos hombres huyeron a las montañas, donde se convirtieron en guerrilleros. Pero la mayoría de los combatientes fueron capturados. El día 21 las tropas de la IV Brigada de Navarra entraban en Gijón y ponían fin al frente Norte.

Franco conseguía así una gran victoria. Disponía de nuevos recursos materiales y humanos, podía concentrar su flota en aguas del Mediterráneo y liberaba un ejército liberado que podía utilizar como reserva estratégica para nuevas ofensivas.

GUERNICA

El lunes 26 de abril era día de mercado en Guernica. Entre las cuatro y media y las seis de la tarde los aviones alemanes de la Legión Cóndor realizaron un bombardeo masivo sobre el casco urbano de la localidad, un lugar sagrado de la cultura vasca. Un bombardeo sin riesgo sobre un objetivo indefenso sin valor militar ni estratégico. Las fuentes no se ponen de acuerdo sobre el número de víctimas, entre 200 y 300 muertos y un número más elevado de heridos, y sobre los daños materiales, aunque al menos un 70 % de los edificios quedó destruido por las bombas o por el fuego.

Más allá de las cifras y los datos concretos, el bombardeo de Guernica fue el primer ataque aéreo que buscaba la destrucción deliberada de una ciudad y la muerte de sus habitantes. La *Luftwaffe* alemana pudo probar el poder destructivo de sus nuevos aviones, su capacidad para provocar el terror en la población civil, un ensayo de lo que luego repetiría durante la segunda guerra mundial. Un ejemplo de guerra total, de la desaparición de las diferencias entre soldados y paisanos, entre combatientes y no combatientes.

Los verdugos quisieron ocultar lo ocurrido. La primera versión oficial franquista fue negar los hechos. Después se acusó a los «rojos» como culpables de la destrucción del pueblo. Pero la realidad de la masacre saltó a la prensa internacional y se conoció en todo el mundo. Picasso pudo ver en París las imágenes del bombardeo, publicadas por la prensa francesa el 30 de abril y el 1 de mayo. La noticia fue la inspiración que necesitaba para responder al encargo recibido de la República, la decoración del pabellón español de la Exposición Universal que se iba a realizar en la capital francesa ese verano. A partir de ese momento, durante varias semanas, Picasso comenzó a realizar una larga serie de dibujos preparatorios. El resultado final, el *Guernica*, fue una obra que se acabó convirtiendo en un hecho histórico en sí mismo. El cuadro se elevó por encima de las circunstancias políticas y militares del conflicto español para pasar a ser un símbolo universal contra el horror de la guerra, contra la barbarie de la violencia.

La idea en síntesis: la caída del Norte desequilibró el enfrentamiento bélico.

La ofensiva republicana: Brunete y Belchite

En el verano de 1937 el estruendo de la guerra ocupó las llanuras de Brunete y Belchite. El ruido ensordecedor de los aviones Junker 52, Heinkel 70, Messerschmitt 109, Chatos y Moscas; los obuses de los cañones Armstrong, Schneider, Krupp y Flak; los tanques T-26, BT-5, Fiat y Panzer; las ametralladoras Maxim, Vickers y Hotchkiss; los fusiles Mosin y Mauser... Cuando volvió el silencio, sobre los campos de batalla quedaron los cuerpos sin vida de miles de soldados que no cambiaron las líneas de los frentes ni variaron el curso de la guerra.

CRONOLOGÍA

7 DE JULIO DE 1937	18 DE JULIO	25 DE JULIO
Inicio de la ofensiva republicana sobre Brunete.	Comienza la contraofensiva franquista.	Fin de la batalla de Brunete.

«El fragor del combate había aumentado, se

comenzaba a oír el seco restallar del cañón del tanque ruso. El horizonte se llenaba de destellos y pronto el resplandor de una era ardiendo fijó el lugar del combate.» El lugar era Brunete. Así lo describía el cineasta y escritor Edgar Neville en su relato «Las muchachas de Brunete», publicado en la revista falangista *Vértice* en julio de 1938. La batalla había tenido lugar un año antes: «Mal parto era el de aquel día. El dedo del general Miaja no podía separarse de Brunete. Intentaba resbalar hacia Bobadilla y unos trazos de lápiz rojo le detenían; intentaba escurrirse hacia Villaviciosa y apenas si lograba adelantar el negro de su uña fuera del círculo que limitaba Brunete».

La batalla de Brunete. En mayo de 1937 el nuevo Gobierno de Juan Negrín nombró al coronel Vicente Rojo jefe del Estado Mayor Central del Ejército de la República. Rojo dedicó todas sus energías a la organización del Ejército Popular con un empeño especial en la formación del V Cuerpo. Un ejército de maniobra, compuesto por las tropas más fogueadas en la defensa de Madrid, capaz de emprender ofensivas de envergadura. Los ataques lanzados sobre Segovia y Huesca no habían dado el fruto deseado, aliviar la presión franquista en el Norte. A mediados de junio caía Bilbao. Había que diseñar un plan de campaña más ambicioso.

El lugar elegido fue Brunete, una población situada a 25 kilómetros al Oeste de Madrid. El plan del Estado Mayor preveía la realización de dos ataques simultáneos. Uno en el sector de Brunete, hacia el Sur, encomendado a las divisiones comunistas del V Cuerpo de Ejército dirigido por Juan Modesto (la 11.ª División de Enrique Líster, la 35.ª del General Walter y la 46.ª de El Campesino) y las unidades del XVIII Cuerpo. Y otro posterior desde Madrid, realizado por el II Cuerpo, que realizaría una maniobra de tenaza sobre Alarcón y Mós-

23 DE AGOSTO	25 DE AGOSTO	28 DE AGOSTO
Ofensiva republicana en Aragón.	Las tropas republicanas ocupan Quinto.	Comienza el asalto a Belchite.

> **«Brunete y Belchite habían agotado nuestras reservas y material y poco o nada se hizo en apoyo de Asturias.»**
>
> **Manuel Tagüeña,**
> *Testimonio de dos guerras*, 1971.

toles, encerrando en una bolsa a las tropas franquistas que sitiaban la capital. Una ofensiva de gran envergadura que movilizó a 80.000 soldados.

El ataque comenzó el 6 de julio con un éxito indiscutible. Los hombres de la 11.ª División, amparados en las sombras de la noche, avanzaron con energía y desbordaron a los franquistas hasta llegar Brunete. Pero Líster desperdició el efecto sorpresa cuando decidió esperar a que llegaran a su altura las unidades que avanzaban por los flancos. Al día siguiente fracasó el ataque del II Cuerpo desde Madrid. Franco ordenó detener el asalto de Cantabria y desplazó con urgencia a varias divisiones y brigadas apoyadas por la Legión Cóndor en pleno, que dominó el cielo desde el día 11. De esta manera, perdida la iniciativa republicana, la batalla de Brunete se convirtió en un feroz combate de desgaste, loma a loma, cuerpo a cuerpo y casa por casa. En las jornadas siguientes, la aplastante superioridad aérea de los rebeldes desequilibró el enfrentamiento.

El día 18 las tropas franquistas pasaron al contraataque y el 25 recuperaron Brunete obligando a los republicanos a emprender la retirada. El Ejército Popular sufrió 25.000 bajas y las divisiones de Franco 10.000. La campaña del Norte se retrasó un mes, pero a un precio altísimo en vidas humanas y material bélico. El plan de Rojo no había terminado con el éxito previsto, pero el Ejército Popular demostraba que era capaz de tomar la iniciativa y abordar grandes operaciones en campo abierto. Otra cosa es que esas operaciones lograran invertir la marcha de la guerra.

6 DE SEPTIEMBRE	**15 DE SEPTIEMBRE**	**23 DE SEPTIEMBRE**
Los republicanos ocupan Belchite.	El Estado Mayor republicano detiene la ofensiva.	Inicio del contrataque franquista en Aragón.

La batalla de Belchite. En los primeros días de agosto las tropas de choque franquistas se preparaban para reanudar la campaña del Norte, con el punto de mira puesto hacia Santander. El Estado Mayor republicano pensó entonces en otra operación de distracción. Si la resistencia en Cantabria y Asturias se prolongaba unos meses la llegada del invierno se convertiría en un aliado para los defensores de los puertos de la Cordillera Cantábrica. Había que ganar tiempo como fuera. En esta ocasión el escenario escogido para la ofensiva republicana fue el frente de Aragón, una línea de 300 kilómetros poco guarnecida y mal fortificada donde era posible sorprender al enemigo.

El plan de ataque debía ser ejecutado por el Ejército del Este, dirigido por el general Pozas, pero el peso de la ofensiva, igual que había ocurrido en Brunete, correría a cargo del V Cuerpo de Ejército. La punta de lanza republicana debía romper el frente en el sector de Belchite en dirección a Zaragoza mientras más al Norte, al otro lado del Ebro, una operación secundaria llegaría hasta el río Gállego y completaría el asedio de la capital aragonesa. Una posible victoria con tanto valor estratégico como simbólico.

La maniobra de ataque comenzó el 24 agosto. En las primeras horas el asalto republicano fue arrollador. Pero los mandos intermedios cometieron el mismo error que en Brunete, perdieron el impulso inicial en acciones menores para reducir los núcleos de resistencia en vez de lanzarse a campo abierto para ganar profundidad sobre el territorio enemigo. Tenían, como escribió después Rojo, «temor al vacío». El día 26 los republicanos ocuparon Quinto y llegaron hasta Fuentes de Ebro. Las unidades del flanco Norte tomaron Zuera y amenazaron Villamayor de Gállego, apenas a 10 kilómetros de Zara-

> **«Las batallas no se ven. Se describen luego gracias a la imaginación y deduciéndolas de su resultado.»**
>
> **Manuel Chaves Nogales,**
> «La gesta de los caballistas»,
> *A sangre y fuego*, 1937.

19 DE MARZO DE 1938

Los franquistas recuperan Belchite.

goza. Pero de allí ya no pasaron. Y el grueso de las fuerzas del ataque, que avanzaba desde el Sur, se detuvo en el asalto a los focos aislados de Codo y Belchite.

La ofensiva principal se detuvo y el centro de la batalla se situó en Belchite, donde las tropas franquistas sitiadas defendieron sus posiciones casa por casa, en unos combates encarnizados que se prolongaron hasta el 6 de septiembre, cuando los asaltantes lograron ocupar el pueblo, convertido en un campo de ruinas. El día 15 de septiembre el Estado Mayor republicano suspendió todas las operaciones. Los combates prosiguieron hasta el día 28, cuando las tropas italianas desplazadas al Norte de Zaragoza consiguieron despejar la carretera de Huesca.

La estrategia del general Rojo había vuelto a demostrar la capacidad ofensiva del Ejército Popular y el arrojo de sus brigadas pero también la falta de reservas para ir más allá del primer escalón de ataque y la descoordinación e incompetencia técnica de los cuadros intermedios. Otra vez un éxito inicial que el paso de los días diluía y terminaba en un fracaso. Zaragoza seguía en manos de los sublevados y sus tropas, que esta vez no habían interrumpido la campaña del Norte, avanzaban hacia el corazón de Asturias. A finales de octubre el ejército franquista del Norte quedó liberado para incorporarse a otros frentes. La fortaleza del Ejército de Franco era la debilidad del Ejército Popular, muy inferior en material bélico y aquejado de problemas internos como la falta de abastecimientos y medios de transporte, la desorganización administrativa y las disensiones políticas. A partir de entonces ganar la guerra parecía una quimera. El objetivo sería resistir.

EL MITO DE BELCHITE

Uno de los mitos que sacralizaron la memoria franquista de la guerra civil fue la «gesta heroica» de Belchite. Un pueblo zaragozano de 4.000 habitantes que a finales de agosto de 1937 se convirtió en el centro de la ofensiva republicana en Aragón. Unos 2.600 combatientes franquistas, cercados por las unidades del Ejército Popular, resistieron un duro asalto durante varios días gracias a la férrea defensa de sus posiciones y al gran apoyo aéreo que recibieron. El 6 de septiembre los soldados supervivientes intentaron romper el cerco. Muchos murieron en el intento, pero algunos lograron traspasar las líneas del frente. Unos días más tarde los medios de comunicación franquistas comenzaron una campaña de propaganda que presentaba la derrota de Belchite como una defensa heroica que había evitado la caída del frente y la pérdida de Zaragoza.

En marzo de 1938, cuando las tropas franquistas reconquistaron Belchite, se publicaron fotografías y reportajes que glosaban el mito de su gesta heroica, el valor, la espiritualidad y la nobleza de sus defensores, enfrentados a las «hordas rojas» que querían destruir el pueblo. El propio Franco recorrió sus calles y casas derruidas para anunciar su reconstrucción. Pero en la posguerra se decidió levantar un pueblo nuevo, inaugurado en 1954, y convertir las ruinas del pueblo antiguo en una especie de santuario bélico de la Cruzada, en un lugar de memoria y duelo para los excombatientes de la «Guerra de Liberación». Durante años se celebraron homenajes y procesiones religiosas que renovaron el culto a los caídos. Después el mito languideció y las ruinas quedaron abandonadas aunque todavía, en la actualidad, existen muchas calles en toda España que siguen llevando el nombre de Belchite.

La idea en síntesis: las ofensivas republicanas no cambiaron el curso de la guerra.

Cultura y propaganda

32

Persuadir, motivar, denigrar... En 1937 Antonio Machado escribía que el objetivo principal de una guerra no era convencer sino abatir y vencer al adversario, pero que no había guerra sin retórica. La guerra civil española también la tuvo, una guerra de palabras y de imágenes librada con tinta de imprenta, rollos de celuloide y ondas de radio. La batalla épica de la libertad republicana frente al fascismo; la cruzada nacional franquista contra la «barbarie roja».

CRONOLOGÍA

5 DE AGOSTO DE 1936	12 DE SEPTIEMBRE	5 DE NOVIEMBRE
La Junta de Defensa Nacional crea un Gabinete de Prensa.	La Generalitat catalana constituye el Comisariat de Propaganda.	El Gobierno de Largo Caballero crea el Ministerio de Propaganda.

En febrero de 1938 Dionisio Ridruejo fue

nombrado jefe de Propaganda del Estado franquista. Hasta ese momento lo que se había llamado propaganda «era algo un tanto vago y reducido. En rigor no se diferenciaba mucho, técnicamente hablando, de lo que en el comercio se llama publicidad. Solo que en vez de «vender» calcetines o píldoras se vendían consignas políticas, figuras públicas y victorias militares, o bien se desacreditaban los productos análogos de la competencia». La idea de Ridruejo era otra. Tenía un plan «más amplio y, si se quiere, más totalitario en el sentido estricto de la palabra. Apuntaba al dirigismo cultural y a la organización de los instrumentos de comunicación pública en todos los órdenes. Era un plan probablemente siniestro, pero no banal».

La propaganda «nacional». Los sublevados impusieron desde el primer momento una férrea censura militar que controlaba cualquier tipo de publicación. En agosto de 1936 la Junta de Defensa creó una Oficina de Prensa y Propaganda dirigida por los periodistas Juan Pujol y Joaquín Arrarás. En noviembre Franco puso al frente del servicio de propaganda de la Junta Técnica del Estado a Millán Astray, aunque en realidad quien lo dirigía era el escritor falangista Ernesto Giménez Caballero. El aparato de propaganda, todavía muy rudimentario, se dedicó a la exaltación patriótica y guerrera de la causa «nacional» y a la glorificación Franco.

El 14 de enero de 1937 se creó la Delegación del Estado para Prensa y Propaganda con el objetivo de promocionar y difundir el carácter del Movimiento Nacional. En la DEPP trabajaban casi 90 personas repartidas entre las secciones de prensa, radio y fotografía y carteles. Entre ellas cabe subrayar la actividad del cronista oficial de Guerra, Víctor Ruiz Albéniz, conocido como *El Tebib Arrumi*. A partir de

14 DE ENERO DE 1937	4 DE JULIO DE 1937	12 DE JULIO
Creación en Salamanca de la Delegación del Estado para Prensa y Propaganda.	Valencia. Segundo Congreso Internacional de Escritores Antifascistas.	Pabellón Español en la Exposición Internacional de París.

«El nacionalismo era evidentemente la nota característica del mundo de los sublevados.»

Pedro Sainz Rodríguez,
Testimonio y recuerdos, 1978.

abril de 1937, después del Decreto de Unificación, los escritores falangistas intentaron controlar el sistema de propaganda del partido único subrayando el estilo, el saludo, el himno y los emblemas fascistas.

En enero de 1938 se creó el Instituto de España, una iniciativa de Eugenio D'Ors para agrupar a los miembros de las Reales Academias que estaban entonces en la «España liberada». A su primera reunión asistieron figuras como Pedro Sáinz Rodríguez, Manuel de Falla, José María Pemán o el novelista Pío Baroja. Antes de terminar el mes la creación del primer Gobierno de Franco supuso una reorganización de la administración y de todos los organismos encargados de la producción cultural. Los servicios nacionales de Prensa (José Antonio Giménez-Arnau) y de Propaganda (Dionisio Ridruejo) quedaron integrados en el Ministerio del Interior que controlaba Ramón Serrano Suñer.

El palacio de la Audiencia de Burgos era un hervidero de periodistas y escritores adscritos a los distintos departamentos de Prensa y de Propaganda. El Departamento de Ediciones estaba dirigido por Pedro Laín Entralgo, con colaboradores como Luis Rosales, Luis Felipe Vivanco, Torrente Ballester o Melchor Fernández Almagro. El de Plástica estaba a cargo del pintor Juan Cabanas, del de Teatro se encargaba Luis Escobar y el servicio de Radiodifusión estaba en manos de Antonio Tovar. Las emisiones de Radio Nacional habían comenzado en Salamanca gracias a la ayuda técnica alemana y fueron muy famosas las charlas radiofónicas del general Queipo de Llano que emitió durante un año y medio Unión Radio Sevilla. A finales de 1938 Serrano Suñer afirmó que la radio «ha ganado batallas», un

1 DE ENERO DE 1938	30 DE ENERO	22 DE ABRIL
Decreto de fundación del Instituto de España.	Creación de los Servicios Nacionales de Prensa y Propaganda.	Ley de Prensa del Gobierno franquista.

reconocimiento al protagonismo creciente de ese medio de comunicación por su capacidad para adoctrinar a la población. Los sublevados convirtieron el discurso nacionalista en un instrumento de movilización social muy eficaz. Consiguieron que de manera popular se les conociera como el bando «nacional», o los «nacionales». La defensa de la nación, de la patria en peligro, era un argumento utilizado para legitimar la rebelión. Y sobre esos cimientos Franco pudo contar con el apoyo social necesario para construir la Nueva España.

> **«Queremos colaborar con nuestro pueblo a ganar la guerra.»**
>
> **Informe de los Escritores Jóvenes,** II Congreso Internacional de Intelectuales Antifascistas, julio de 1937.

La defensa de la República. En los primeros meses de la guerra la República contaba con la mayor parte de las infraestructuras relacionadas con la industria editorial, las artes gráficas, el cine, la radio y los periódicos de mayor difusión. El Gobierno conservaba también en sus manos las representaciones diplomáticas del exterior, con servicios de prensa y comunicación que intentaron conseguir el apoyo de la opinión pública internacional.

En noviembre de 1936 el Gobierno de Largo Caballero creó un Ministerio de Propaganda encabezado por Carlos Esplá. En Madrid la Junta de Defensa disponía de una Delegación de Prensa y Propaganda y tanto el gobierno vasco como la Generalitat catalana contaron con organismos autónomos. Al mismo tiempo funcionaba el Subcomisariado de Propaganda del Ministerio de la Guerra, del que dependía el «Altavoz del Frente», que emitía todas las noches a través de Unión Radio Madrid. En el frente, junto a las emisiones radiofónicas, fue muy importante el conjunto de periódicos, folletos y carteles producidos por las distintas unidades militares. Casi quinientas publicaciones periódicas cuyo objetivo principal era adoctrinar a los soldados y mantener la moral de combate, con firmas como la del poeta Miguel Hernández. Y también iniciativas como las bibliotecas destinadas a los frentes y hospitales o las campañas de las Brigadas Volantes contra el Analfabetismo.

En el mundo cultural de la República destacó la labor desarrollada por la Alianza de los Intelectuales Antifascistas para la Defensa de la Cultura, una organización dirigida por el escritor José Bergamín, con una intensa actividad visible en las páginas de la revista *El Mono Azul*. En julio de 1937 se celebró en Valencia el Segundo Congreso Internacional de Escritores Antifascistas, una reunión que tuvo un notable eco internacional y reunió a un centenar de escritores de todo el mundo. Ese verano se inauguró en París el Pabellón Español de la Exposición Internacional, un esfuerzo cultural y diplomático del Gobierno republicano para denunciar la intervención de las potencias fascistas en la guerra civil, con la obra emblemática del *Guernica* de Pablo Picasso.

Entre la actividad artística republicana destacó la extraordinaria producción de carteles, que convirtieron el escenario urbano en un espacio de propaganda política y movilización bélica. Otra iniciativa importante fue la publicación, entre enero de 1937 y enero de 1939, de la revista literaria *Hora de España*, donde participaron escritores de la talla de Antonio Machado, Juan Gil-Albert. Manuel Altolaguirre, María Zambrano, Rafael Alberti, León Felipe o Emilio Prados.

En mayo de 1937 el Gobierno de Juan Negrín suprimió el Ministerio de Propaganda y organizó todos sus servicios en una Subsecretaría de Propaganda perteneciente al Ministerio de Estado. A partir de ese momento el Gobierno intentó coordinar y controlar las publicaciones periódicas que salían a la calle en la retaguardia, incautó las emisoras de radio y estableció un sistema de censura que llegaba hasta los corresponsales de guerra. Negrín luchó por convencer a las potencias democráticas de que la República representaba la lucha de la democracia y la libertad contra el fascismo. Pero la propaganda republicana no logró modificar la política no intervencionista de Francia y el Reino Unido.

EL CINE EN LA GUERRA CIVIL

La guerra civil española fue el primer conflicto bélico en el que se empleó de manera generalizada el cine sonoro y se experimentaron sus posibilidades como instrumento de propaganda. Las películas rodadas en España en uno y otro bando se utilizaron para mostrar una buena imagen en el exterior, mantener la moral de la retaguardia, cohesionar ideológicamente a los combatientes propios y descalificar a los contrarios. Una batalla de imágenes que enfrentaba a «nacionales» contra «rojos» y «separatistas», a «leales» contra «fascistas» y «rebeldes».

El cine del bando republicano tuvo una mayor producción y también una mayor diversidad. Entre las obras gubernamentales destacaron el trabajo de Luis Buñuel en *Espagne 1936* o *España leal en armas*, y *Sierra de Teruel/Espoir*, de André Malraux, que buscaban la solidaridad internacional con la causa de la República. Por su parte, la CNT produjo muchos reportajes y documentales de orientación anarquista y revolucionaria. El PCE, el PSUC y la UGT realizaron también un número considerable de filmes de propaganda marxista que defendían el mando único militar en la lucha contra el «invasor extranjero» y reflejaban la vida cotidiana de la retaguardia republicana.

La producción cinematográfica del bando franquista fue mucho menor, por falta de infraestructuras técnicas, y más homogénea. Los primeros reportajes se rodaron con ayuda portuguesa y después fue muy importante la colaboración técnica de Italia y de Alemania. A partir de 1938 tuvieron gran difusión los cortometrajes rodados por el Departamento Nacional de Cinematografía y las imágenes del *Noticiario Español* (el antecedente del *NO-DO*), de obligada visión en todo el territorio dominado por los sublevados. Los documentales reproducían escenas de la guerra de «reconquista» y exaltaban la imagen de Franco como Caudillo salvador de España. Destacaron, por su calidad, los rodados por Edgar Neville y los que produjo en Berlín la Hispano-Film-Produktion, con el apoyo de Goebbels.

La idea en síntesis: la guerra fue también un combate de imágenes y de palabras.

La vida cotidiana en la retaguardia

En una guerra «total» contemporánea, como la guerra civil, no hay diferencia entre militares y civiles, entre combatientes y paisanos. La retaguardia se convierte en un espacio geográfico y simbólico dominado por la imposición de la violencia y la movilización de todos los recursos humanos y materiales para el esfuerzo bélico. El miedo y el hambre. Quizá las dos palabras que mejor representan los sentimientos y las percepciones de la mayoría de la población que vivió la guerra lejos del frente.

CRONOLOGÍA

11 DE AGOSTO DE 1936	16 DE AGOSTO	29 DE AGOSTO
Decreto republicano que clausura las instituciones religiosas.	Se inicia la Suscripción Nacional en el territorio sublevado.	La Junta de Defensa establece la bandera bicolor como enseña nacional.

En el verano de 1936 el actor Fernando Fernán Gómez vivía en Madrid. Allí pasó toda la guerra, como dejó contado en las páginas de *El tiempo amarillo*. En su opinión, los grandes hombres «trabajan para la historia» mientras los otros, la mayoría, «sencillamente, tratan de defender su existencia cotidiana. Tratan de vivir. Les es difícil. Los fabricantes de historia se oponen». El actor confiesa que para los habitantes de Madrid que no eran héroes ni mártires el ruido de los combates acabó siendo «algo así como la lluvia». Para un joven de 15 años la preocupación principal no era la marcha de la guerra sino el hambre y los bombardeos: «el hambre siempre es pragmática. En aquel tremendo acontecimiento histórico, dos cosas preocupaban fundamentalmente a todo ser pensante y no encargado del gobierno de los demás: comer y librarse de las bombas».

La retaguardia republicana. La característica que mejor define la situación del territorio que permaneció leal a la República fue la coexistencia de una guerra y una revolución. La reacción contra la rebelión militar provocó una rápida e intensa movilización social que desembocó, allí donde fracasó la sublevación y los partidos y sindicatos accedieron a las armas, en un profundo proceso revolucionario. El Estado republicano se hizo añicos, desaparecieron sus mecanismos de control social y coerción y en su lugar surgieron múltiples poderes armados, fragmentados y divididos, que compitieron entre sí por el control del territorio y la administración arbitraria de la violencia. Durante los meses «calientes» de 1936 el terror persiguió a cualquiera que fuera denunciado como fascista o «enemigo del pueblo».

En los primeros meses de 1937 el Gobierno republicano reconstruyó el poder del Estado y recuperó el monopolio del orden público y la administración de justicia. Su autoridad se extendió por toda la retaguar-

4 DE SEPTIEMBRE	22 DE OCTUBRE	31 DE OCTUBRE
La Junta de Defensa ordena destruir las publicaciones «disolventes».	Disposiciones contra el alza de precios en territorio franquista.	Establecimiento del Día del Plato Único.

> **«Cuando se impusieron las rutinas del hambre y del miedo y la vida se adaptó mal que bien a una cierta impostura de normalidad.»**
>
> José Manuel Caballero Bonald, *Tiempo de guerras perdidas,* 1995.

dia gubernamental. Y también su capacidad para movilizar todos los recursos humanos y materiales disponibles. Pero el esfuerzo bélico fue minado a lo largo de los dos años siguientes por los reveses militares sufridos en el frente, el cansancio, la pérdida de esperanza en la victoria, los efectos devastadores de los bombardeos y el problema creciente de los abastecimientos.

La escasez de víveres en la retaguardia republicana fue un problema más acuciante en las ciudades que en las áreas rurales. En la primavera de 1937 se estableció el racionamiento de los productos básicos en Madrid y en Barcelona. A lo largo de 1938 las dificultades de aprovisionamiento crecieron por la precariedad de los medios de transporte, el bloqueo de los puertos del Mediterráneo, la carencia de ayuda exterior y la llegada de oleadas de refugiados a la zona republicana, dividida en dos desde el mes de abril. El hambre se generalizó. Y con la escasez y la elevación de los precios se extendió el trueque de productos, el fraude, el ocultamiento y el mercado negro. Las largas colas ante los establecimientos se convirtieron en la imagen más cotidiana de la retaguardia.

La crisis de subsistencias, las privaciones de todo género, el agotamiento de la guerra, la llamada de nuevos reemplazos y las difíciles condiciones de vida de la población deterioraron la moral de una retaguardia cada vez más militarizada, aunque la República no proclamó el estado de guerra hasta enero de 1939. Para entonces, los habitantes de Madrid sobrevivían casi con lentejas, las «píldoras de resistencia del Dr. Negrín». Y los reclutas llamados a filas en Cataluña tenían que acudir con su propia ropa, mantas y calzado. El deseo de

26 DE NOVIEMBRE	27 DE FEBRERO DE 1937	19 DE ABRIL
Racionamiento de víveres en Madrid.	Se establece la antigua Marcha Real como himno nacional.	Culto a la Virgen María obligatorio en las escuelas franquistas.

que la guerra terminara como fuera se extendió entre la población, lo que permite comprender, al menos en parte, la escasa resistencia que el Ejército franquista encontró en Cataluña y el rápido desmoronamiento político de la zona Centro.

La retaguardia franquista. En diciembre de 1936 Madrid resistía el asalto de las tropas rebeldes y los sublevados, bajo el mando único de Franco, se disponían a librar una larga guerra de desgaste en la que la retaguardia desempeñaba un papel fundamental. La política del terror había paralizado cualquier intento de oposición y seguía dando sus frutos aunque las sacas y paseos nocturnos se fueran espaciando hasta casi desaparecer. Su lugar lo ocuparon los consejos de guerra sumarísimos y los pelotones de ejecución. Los presos que continuaron en prisión sufrieron el trabajo forzado, el hacinamiento y las enfermedades. Los que pertenecían a quintas movilizadas fueron enviados al frente. Y aquellos que pudieron volver a sus casas padecieron la opresión, la persecución y el control social asfixiante de la retaguardia.

Una represión cotidiana visible en la depuración de maestros y empleados públicos y en los expedientes de responsabilidad civil. En multitud de exacciones económicas como la Suscripción Nacional, las «donaciones» de oro y joyas, la prestación de jornales gratuitos, el Día del Plato Único, los Lunes sin Postre, el Aguinaldo del Soldado, el Subsidio Pro Combatiente, los sellos de la Cruzada contra la frío, el Auxilio a las Poblaciones Liberadas, la ficha azul del Auxilio Social, las cuestaciones para Frentes y Hospitales o las requisas de automóviles, aparatos de radio, alimentos y mantas. En los partes de la guardia civil, las multas, sanciones y detenciones por antipatriotismo, no asistir a una manifestación, trabajar en domingo o no engalanar los balcones en las celebraciones oficiales.

> **«Hay un frente de sangre y un frente de sudor. Un frente de fuego y un frente de trabajo.»**
>
> Consigna de prensa, diario *La Rioja*, 23 de octubre de 1937.

---

24 DE ABRIL

Decreto que establece el saludo del brazo en alto como saludo nacional.

MAYO DE 1938

Dificultades crecientes de abastecimiento en territorio republicano.

25 NOVIEMBRE

Petición internacional republicana de víveres para la infancia.

Pero la Nueva España edificada durante la guerra en la retaguardia no se construyó solo por medio de la violencia y el miedo, a través de la disciplina y la jerarquía. Las autoridades franquistas supieron movilizar a una parte importante de la población y mantener un notable apoyo social durante toda la contienda. A ello ayudó mucho la identificación de la causa de los sublevados con el catolicismo y el nacionalismo español. El catolicismo funcionó como una amalgama ideológica y cultural con una gran capacidad de movilización. Las festividades religiosas se fundieron con las celebraciones patrióticas, las procesiones y funerales con los desfiles y manifestaciones. La marcha de la guerra dio ocasiones para ello. Las victorias militares dejaron su huella en el ánimo de una población civil que soportó el esfuerzo bélico sin las privaciones materiales, la carestía y el desabastecimiento sufridos en la retaguardia republicana.

A partir del 1 de abril de 1939 cesaron los combates, desaparecieron las líneas del frente. Pero continuó existiendo la retaguardia, una inmensa y única retaguardia que ocupó toda España durante muchos años.

LA ECONOMÍA DE GUERRA

En agosto de 1936 el territorio que quedó en manos de la República contaba con 14 millones de habitantes, las zonas industriales y mineras más importantes (Cataluña, el País Vasco y Asturias), la mayor parte de la actividad empresarial y comercial y las reservas de oro del Banco de España. La situación de partida de los sublevados era, en teoría, mucho peor. Controlaban a 10 millones de habitantes y la mayor parte de las áreas rurales. Los militares rebeldes podían disponer de dos tercios de la producción total de cereales, patatas y ganado vacuno y ovino, pero no tenían enclaves industriales ni mineros.

Esta situación inicial, favorable a la República, fue modificándose con el curso de la guerra. En primer lugar porque el

27 DE ENERO DE 1939

Grandes manifestaciones
por la toma de Barcelona.

Estado campamental franquista impuso una organización férrea y disciplinada de la producción de la retaguardia. Todas las actividades económicas quedaron supeditadas a los objetivos bélicos. Mientras tanto, la República tuvo que hacer frente al caos revolucionario y al colapso administrativo de los primeros meses, a la división de su territorio en zonas separadas y comunidades autónomas y a las distintas concepciones que tenían republicanos, socialistas, comunistas y anarquistas sobre cómo había que organizar el esfuerzo bélico.

En el verano de 1937 el Gobierno de Negrín consiguió que el Estado recuperara el control de la producción y asumiera el suministro de las necesidades básicas del frente y de la retaguardia. Pero ese proceso de mejora sufrió un duro golpe con la caída de la zona Norte, que dejó en manos de los franquistas un gran contingente de población y recursos materiales. Franco suplió sus carencias financieras con el apoyo constante recibido desde el exterior, con la ayuda continuada de Italia y Alemania. La República movilizó sus reservas para conseguir divisas, material de guerra soviético y la importación de alimentos, bienes industriales y combustible. Pero ese esfuerzo económico no alivió la escasez ni alejó el espectro del hambre. Al final de la guerra la propaganda franquista contó con un arma muy poderosa: el pan.

La idea en síntesis: la retaguardia fue también un frente de combate.

Vivir en las trincheras

34

En la guerra civil más de dos millones de españoles fueron reclutados para luchar en el frente. El frío, el hambre y las enfermedades formaron parte de su vida cotidiana tanto como el fragor del combate. Las privaciones y necesidades de la vida de campaña afectaron tanto a la moral de los combatientes como las noticias de la marcha de la contienda. La guerra española fue una guerra de pobres. Pero la primera característica de una guerra es la experiencia cercana de la muerte. Y el hecho de matar.

CRONOLOGÍA

17 DE AGOSTO DE 1936	22 DE SEPTIEMBRE	15 DE OCTUBRE
Paga de 10 pesetas para todos los reclutas republicanos.	Haber diario de 3 pesetas para los soldados sublevados.	Formación del Ejército Popular. Creación de los Comisarios Políticos.

El reparto de café caliente y un trago de coñac, a medianoche, a los hombres metidos hasta la rodilla en el agua helada, frente a las posiciones de Trijueque. La llegada de los aljibes con agua fresca al infierno de Brunete o en los días de la marcha agotadora de Aragón. Las dos comidas calientes por el día y el coñac por la noche en Teruel, a 20 grados bajo cero. La llegada de la comida caliente y el agua y el vino frescos a los soldados apostados en la sierra de Pàndols. La rapidez de los camilleros en retirar a los heridos del campo de batalla. «Todo eso tenía –recuerda Enrique Líster en sus memorias– en cada uno de estos momentos concretos, mucha más importancia para los combatientes y causaba en su moral un efecto mayor que diez órdenes militares y veinte discursos.»

La vida cotidiana en el frente. La guerra civil española fue un conflicto complejo en el que los contendientes se enfrentaron en el nombre de ideologías, identidades, colectivas y clases sociales diferentes. Pero muchas veces la moral de los combatientes y su grado de compromiso con el esfuerzo bélico dependían más de la satisfacción de sus necesidades materiales, de la cohesión social de su grupo primario y de las relaciones de camaradería que de sus convicciones personales.

Los soldados del Ejército Popular tenían asignada una paga diaria de 10 pesetas, mucho más alta que las 3 pesetas que en teoría recibían los soldados franquistas que veían, además, cómo una parte de ese dinero se deducía en concepto de alojamiento y manutención. En la práctica, la marcha de la guerra fue empeorando la situación económica de los republicanos debido a la inflación, los retrasos en los pagos y la escasez de las subsistencias. Los soldados del ejército sublevado no sufrieron esa acusada carencia de productos básicos y disfru-

30 DE OCTUBRE	NOVIEMBRE	6 DE DICIEMBRE
La República permite la recluta de todos los hombres de entre 20 y 44 años.	Franco prohíbe la publicación de datos de desertores.	El Ejército franquista establece oficialmente los capellanes castrenses.

> «Cinco cosas son importantes en la guerra de trincheras: leña, comida, tabaco, velas y el enemigo.»
>
> **George Orwell,** *Homenaje a Cataluña,* 1938.

taron de diversas bonificaciones y de ayudas como el Aguinaldo del Soldado o el Subsidio Pro Combatientes que recibían sus familias.

La dieta básica en ambos ejércitos estaba compuesta por pan, legumbres, embutidos y alimentos enlatados. Era habitual el reparto de bebidas alcohólicas como el vino o el coñac y mucho más escaso el café, el azúcar y el chocolate, considerados casi artículos de lujo. Todos los testimonios recuerdan la importancia que tenía la posesión de tabaco y el acceso a productos como el jabón, las hojas de afeitar o el papel y los sobres para escribir. Los soldados valoraban mucho el buen funcionamiento del servicio postal, a pesar de la censura militar de las cartas, la posibilidad de lavarse o tener una muda limpia, para evitar los piojos, la cercanía de los servicios sanitarios y la concesión de licencias y permisos familiares regulares.

A lo largo de la guerra, ambos ejércitos intentaron mantener alta la moral de sus tropas ante el combate y asegurar la disciplina. Los jefes y oficiales de las unidades destacadas en el frente tenían que afrontar problemas como los largos períodos de estancia en las trincheras a la intemperie, la necesidad de reponer el vestuario, las prendas de abrigo y el calzado, el suministro regular de municiones y armas de apoyo en buenas condiciones, la desinfección de piojos y parásitos o el alto número de bajas causado por la transmisión de enfermedades venéreas, derivadas del trato frecuente de los soldados con prostitutas.

El tiempo jugó a favor del alto mando franquista. El Ejército «nacional» contó con la baza inestimable de sus éxitos militares, la imposición de una férrea disciplina, la provisión regular de armas, municiones y equipamiento básico para los soldados y una mayor capacidad

9 DE ENERO DE 1937	**JUNIO**	**1 DE JULIO**
Creación del Subsidio Pro Combatientes.	El Gobierno republicano establece duros castigos para los desertores.	Decreto franquista que concede el «derecho» al trabajo a los prisioneros.

de satisfacer sus necesidades cotidianas. Además, la mayor parte de sus reclutas quedaban a salvo de las operaciones militares de mayor riesgo, encomendadas a las tropas de choque formadas por legionarios, regulares y voluntarios falangistas y carlistas.

Frentes tranquilos. La historia militar del conflicto se centra en los lugares geográficos donde se libraron las grandes batallas, en las ofensivas que decidieron el resultado de la guerra. Pero, para buena parte de los soldados reclutados por ambos bandos, la experiencia de la vida en campaña estaba más relacionada con las privaciones, las necesidades y las actividades cotidianas realizadas en los frentes secundarios. En los frentes estables se sucedieron operaciones militares esporádicas, de carácter local y escasa duración. La mayor parte del tiempo transcurrió en medio de una situación de calma bélica. Los soldados se dedicaban a realizar trabajos de fortificación, instrucción militar, cuidado del armamento, labores de limpieza e higiene y tareas de vigilancia. En el Ejército Popular destacaban las campañas de alfabetización y las charlas y actividades de propaganda de los comisarios políticos. En el Ejército franquista las prácticas religiosas que desempeñaban los capellanes castrenses.

En esos escenarios tranquilos la actitud general de los soldados, sobre todo de los reclutas de mayor edad, tendía a rehuir la confrontación con el enemigo. Son numerosas las noticias de actos de confraternización entre los soldados de uno y otro bando. Treguas informales y breves encuentros en tierra de nadie para intercambiar tabaco, libri-

> «**Poco a poco, el hombre de paz, el labrador, el oficinista, el estudiante o el operario se iban transformando en hombres de guerra.**»
>
> **Rafael Abella,** *La vida cotidiana durante la guerra civil. La España Nacional,* 1973.

llos de papel de fumar, periódicos e información. Los mandos militares intentaban evitar esos encuentros porque, evidentemente, no contribuían a mantener el «ardor guerrero» de los combatientes y desmontaban la imagen del enemigo construida a través del adoctrinamiento y la propaganda.

La experiencia del combate. La rutina de la vida en las trincheras y las relaciones sociales de los soldados formaron parte de la experiencia bélica. Pero lo que define a una guerra en primer lugar es la vivencia cercana de la muerte y el hecho de matar, algo que queda difuminado en la memoria de los combatientes. La mayoría de los informantes orales afirman que no mataron a nadie. En sus relatos el rostro de los enemigos permanece velado. Pero el hecho cierto es que a lo largo del conflicto murieron en el frente cerca de 200.000 soldados. Lo que caracterizó a la guerra española no fueron los ejemplos de confraternización y la falta de combatividad de los reclutas, aunque existieran en mayor o en menor medida, sino la imposición de la brutalidad, la deshumanización del adversario y la violencia extrema. La carnicería producida por la potencia de la tecnología militar, el derramamiento masivo de sangre y la destrucción de vidas humanas.

DESERTORES

No hay estadísticas oficiales sobre el número de desertores que huyeron del frente en ambos bandos, un fenómeno mucho más acusado en una guerra civil que en un conflicto internacional porque al otro lado de la línea de fuego hay compatriotas o puede estar incluso el hogar familiar.

Las autoridades militares no querían declarar públicamente el problema de la resistencia al reclutamiento. En noviembre de 1936 Franco prohibió que los partes oficiales de guerra incluyeran noticias relacionadas con la deserción o la desmoralización. Es posible que en la primera parte de la guerra el Ejército «nacional» sufriera más deserciones, sobre todo las relacionadas con soldados de ideología republicana que habían sido reclutados por la fuerza. Para evitarlo, las autoridades franquistas determinaron el encarcelamiento de un familiar directo de cada soldado «izquierdista» que se pasara al enemigo. Pero a medida que el conflicto se alargaba y se sucedían los reveses militares el Ejército Popular tuvo que hacer frente a muchas más deserciones, una tendencia que se multiplicó en las semanas finales de la guerra, cuando era evidente el derrumbe de la República.

Las autoridades militares distinguían entre los desertores que se pasaban al enemigo, en teoría movidos por su ideología política, de aquellos que huían a la retaguardia influidos por la pérdida de moral, las privaciones del frente o el deseo de volver a sus hogares. A ellos había que sumar los «emboscados», los hombres que eludían el servicio de las armas o no se presentaban a la orden de movilización de su reemplazo.

Los castigos para los prófugos y desertores podían ir desde el envío a un batallón disciplinario y la condena a varios años de prisión hasta la ejecución. La severidad de los castigos fue aumentando con el curso de la contienda. Los consejos de guerra por traición y los fusilamientos se extendieron también a los soldados con heridas sospechosas, acusados de automutilarse o de fingir enfermedades para escapar de la primera línea del frente. Para huir de la guerra que había llamado a las puertas de sus casas.

La idea en síntesis: los soldados republicanos combatieron en peores condiciones materiales.

De Teruel al Mediterráneo

El 7 de enero de 1938 las tropas republicanas ocupaban Teruel, el éxito militar más sonado del Ejército Popular. Los soldados que celebraban la victoria entre las ruinas de la ciudad no podían imaginar que, apenas tres meses más tarde, la contraofensiva «nacional» los empujaría hasta el Mediterráneo, dividiendo en dos el territorio de la República. El frente de Aragón se había derrumbado. La amenaza franquista se cernía sobre Valencia y Cataluña. La guerra podía terminar en unas semanas. Pero no fue así.

CRONOLOGÍA

14 DE DICIEMBRE DE 1937	7 DE ENERO DE 1938	17 DE ENERO
Inicio de la ofensiva republicana en Teruel.	Las tropas republicanas ocupan Teruel.	Inicio de la contraofensiva franquista.

«Los sillares, arpados de metralla; los canceles, desmenuzados; los muros, apedreados de viruela; la lechada, caída como ronchas de sarna; el mortero aboqueteado de cráteres rojos del ladrillo herido. Despeinados todos los postes, los hilos de metal retorciéndose caídos al aire de su peso. Tres dedos de polvo sobre todo. Una celosía, tumbada en medio de la calle, enjaula una birreta. En un silencio se oye el cañón (…) La mañana clara, con un frío quieto que lo carcome todo: sangre, paredes, cielo.» La escena ocurre en Teruel, el 3 de enero de 1938, en las páginas de *Campo de sangre*, la novela de Max Aub. Cuatro días más tarde la ciudad cae en manos de los republicanos. Pasa una compañía de fusileros con las barbas y los cascos sucios, llegan heridos y refugiados, aparecen dos ambulancias y un camión de guardias de asalto. A lo largo de la carretera se apelotonan los soldados alrededor de hogueras escasas: «Al debelar de los enemigos en la ciudad ha sucedido el silencioso, pesado cansancio de la guerra».

La batalla de Teruel. El 15 de diciembre de 1937 el Ejército Popular lanzó un ataque sobre la ciudad de Teruel, un saliente estrecho del frente de Aragón en manos de los sublevados. El Estado Mayor republicano creía inminente un ataque franquista desde Guadalajara hacia Madrid. Para evitar esa ofensiva, el general Vicente Rojo había diseñado una ambiciosa operación en el frente de Extremadura con el objetivo de cortar en dos el territorio rebelde y llegar incluso hasta Sevilla. Pero ese plan no fue autorizado por el Gobierno y sí otro de menor entidad, sobre el sector de Teruel. En el ataque se emplearon casi 80.000 soldados, divididos en tres columnas, que debían aislar primero la ciudad para asaltar después sus defensas.

Las unidades franquistas que guarnecían el frente fueron cogidas por sorpresa. En la primera jornada de la ofensiva la división de Líster

5 DE FEBRERO	22 DE FEBRERO	7 DE MARZO
Comienza la batalla de Alfambra.	Los sublevados reconquistan Teruel.	Comienza la ofensiva franquista en el frente de Aragón.

> «Diciembre ha congelado su aliento de dos filos, / y lo resopla desde los cielos congelados, / como una llama seca desarrollada en hilos, / como una larga ruina que ataca a los soldados.»
>
> **Miguel Hernández,**
> «El soldado y la nieve»,
> *El hombre acecha*, 1938.

consiguió cortar la carretera hacia Zaragoza y cercar Teruel. En los días siguientes las tropas republicanas desbarataron la resistencia franquista y se lanzaron al asalto de la ciudad. El jefe de la guarnición franquista, el coronel D'Harcourt, se hizo fuerte con unos 2.000 defensores en algunos edificios del centro. La resistencia de esos reductos no impidió que los republicanos festejasen su triunfo, la primera capital de provincia conquistada en toda la guerra.

La toma de Teruel tenía un valor más moral que estratégico pero para Franco era una afrenta que no podía consentir. Ordenó a su Estado Mayor detener la preparación de la ofensiva de Guadalajara y puso al general Dávila al frente de un ejército que, a marchas forzadas, a pesar de lo crudo del invierno, llegó al frente de Teruel y el día 29 de diciembre inició el contraataque. Dos días más tarde la vanguardia franquista logró tomar la posición de La Muela, en un cerro cercano a Teruel. En los primeros días de enero de 1938 los soldados de ambos ejércitos libraron duros combates en medio de la nieve y de un frío helador que se acercaba hasta los 20 grados bajo cero. El día 7 los sublevados que resistían en el interior de la ciudad se rindieron. La batalla parecía terminada.

Sin embargo, el 17 de enero Franco ordenó una doble ofensiva por el norte y el sur de la ciudad con una gran preparación artillera y el dominio incontestable de su aviación.

14 DE MARZO	4 DE ABRIL	15 DE ABRIL
Ocupación de Alcañiz.	Toma de Lérida.	Los franquistas llegan a Vinaroz y dividen en dos el territorio republicano.

La batalla fue durísima, con miles de bajas en ambos bandos. A finales de mes el alto mando franquista desistió del asalto frontal de Teruel y planteó una nueva ofensiva sobre el valle del Alfambra con un contingente de 100.000 soldados. El ataque comenzó el día 5 de febrero, con un gran despliegue de fuego que acabó por abrir una brecha en el frente. El día 17 las unidades de Aranda cruzaron el río Alfambra. El 20 las divisiones sublevadas lograron cortar la carretera de Sagunto y aislar Teruel. El 22 entraron en la ciudad. La batalla concluía con un balance de muertos, heridos, enfermos y prisioneros terrible, 60.000 bajas en el ejército republicano y 40.000 en el franquista.

La caída del frente de Aragón. Después del enorme desgaste de Teruel no hubo respiro. El 7 de marzo de 1938 tres cuerpos de ejército franquistas con el apoyo del CTV italiano, más de 100.000 hombres en total, se lanzaron a la ofensiva en el valle del Ebro. Contaban con una superioridad numérica y material abrumadora. Las tropas de choque, formadas por regulares y legionarios, rompieron el frente en varios puntos y avanzaron con rapidez. El día 10 ocuparon las ruinas de Belchite, el 13 Andorra, el 14 Alcañiz y el 17 Caspe. Más de cien kilómetros en apenas una semana. El frente de Aragón se había derrumbado.

El 19 de marzo el Estado Mayor franquista lanzó una nueva ofensiva, esta vez al norte del Ebro, sobre la línea del frente de Huesca. En los días siguientes las divisiones sublevadas tomaron Barbastro y Monzón y llegaron hasta Mequinenza. El 4 de abril las tropas de

«Todo parecía indicar que era el fin de la guerra, que nadie –en aquellas fechas– esperaba que se prolongara hasta el verano.»

Juan Benet,
¿Qué fue la guerra civil?,
1976.

21 DE ABRIL
Ofensiva del ejército sublevado contra Valencia.

14 DE JUNIO
Toma de Castellón.

Yagüe entraron en Lérida. Dos días más tarde caía Balaguer y el ejército de Navarra avanzaba hasta Benasque y la línea fronteriza de los Pirineos. El camino hacia Barcelona parecía abierto. Pero el objetivo de Franco estaba más al Sur, hacia el Mediterráneo. El 3 de abril las tropas de García Valiño habían entrado en Gandesa. Al día siguiente las unidades de Aranda ocupaban Morella, la capital del Maestrazgo.

La resistencia de las divisiones republicanas de Líster y Tagüeña permitió la evacuación de varias brigadas del V Cuerpo de Ejército, que aprovecharon los puentes de Tortosa sobre el Ebro. Pero unos días más tarde los defensores cedieron ante el empuje franquista. El día 15 de abril los requetés de Camilo Alonso Vega llegaron a Vinaroz y Benicarló. Eran los primeros en llegar al Mediterráneo. La República quedaba partida en dos.

La República partida. En la Semana Santa de 1938 la victoria militar parecía estar al alcance de la mano para Franco. La decisión más esperada era la continuación de la ofensiva hacia Cataluña. Las tropas detenidas en Lérida y el ejército apostado en la línea del Ebro podían avanzar hacia Barcelona sin encontrar en su camino, en teoría, demasiada resistencia. Pero el Generalísimo sorprendió a sus estrategas del Estado Mayor con la decisión de avanzar hacia Valencia.

El 21 de abril las tropas de vanguardia iniciaron la maniobra hacia el Sur, en dirección a Castellón, pero la oposición de las tropas de Manuel Matallana detuvo la ofensiva. En junio los sublevados reanudaron su asalto y entraron en Castellón el día 14. Pero no lograron romper el frente la línea de Sagunto. Y tampoco lo hicieron las divisiones lanzadas hacia Valencia desde Teruel. Los ataques frontales a las líneas fortificadas fracasaron uno tras otro. Las tropas republicanas, reorganizadas en el ejército de Levante, dirigido por el general Juan Hernández Saravia, demostraron una gran capacidad de resistencia frente a un enemigo que exhibía abundante material y un gran despliegue aéreo y artillero.

La batalla de Levante concluía con un gran fracaso franquista. El Ejército Popular demostraba su capacidad para luchar a la defensiva. Y Negrín mantenía su consigna de resistencia a ultranza.

EL HUNDIMIENTO DEL *BALEARES*

Entre el fracaso de Teruel y el inicio de la ofensiva franquista en el frente de Aragón los republicanos recibieron una buena noticia. El hundimiento del crucero *Baleares* en aguas del Mediterráneo.

En el otoño de 1937, con la caída de la zona Norte republicana, terminaron los enfrentamientos navales en el Cantábrico. El único escenario pasó a ser entonces el Mediterráneo. Los sublevados contaban con los barcos y aviones italianos para bloquear y bombardear los puertos del litoral costero republicano. Y también con la fuerza desplegada por los cruceros *Almirante Cervera*, *Canarias* y *Baleares*, el buque insignia de la flota «nacional». En la madrugada del 6 de marzo de 1938 la flotilla republicana que había salido de Cartagena con la intención de dar un golpe de mano en Palma de Mallorca se encontró cerca del cabo de Palos con los cruceros franquistas, que escoltaban a varios mercantes. Los torpedos lanzados por los destructores republicanos acertaron de lleno sobre el casco del *Baleares*, que se fue a pique. Murieron más de 700 marineros.

El hundimiento del *Baleares* fue la acción naval de mayor repercusión de una guerra sin grandes batallas en el mar. Los sublevados continuaron con su control de las costas del Mediterráneo y la débil flota republicana no volvió a participar en ninguna acción destacada. En marzo de 1939, ante la rebelión de Cartagena, el almirante jefe de la marina republicana salió con los barcos hacia altar mar y se dirigió al puerto de Bizerta, en Túnez. Al terminar el mes las autoridades francesas entregaron los buques de guerra españoles a los representantes de Franco.

La idea en síntesis: el final de la esperanza republicana de una victoria militar.

Negrín

Un servidor de Moscú, un instrumento de los comunistas, un político de actitudes casi dictatoriales, ambicioso y vanidoso, aficionado a los placeres burgueses, que condujo al país a la catástrofe. Durante la guerra, y después de ella, Juan Negrín fue denigrado con saña por unos y por otros. En los últimos años la historiografía ha rehabilitado su figura histórica. Un científico políglota, con vocación europeísta. Un hombre de Estado pragmático, con una voluntad de hierro y una gran capacidad de trabajo. Inteligente y apasionado, enérgico y desordenado. Un personaje extraordinario en un momento extraordinario de la historia de España.

CRONOLOGÍA

13 DE FEBRERO DE 1892	1906	1916
Nacimiento en Las Palmas de Gran Canaria.	Comienza sus estudios de medicina en Alemania.	Traslado a Madrid.

«Negrín, poco conocido, joven aún, es inteligente, cultivado, conoce y comprende los problemas, sabe ordenar y relacionar las cuestiones.» Manuel Azaña anotaba en su diario, en mayo de 1937, las razones de su confianza en Negrín: «Parece hombre enérgico, resuelto, y, en ciertos aspectos, audaz. Algunos creerán que el verdadero jefe de Gobierno será Prieto. Se engañan. No solamente porque Prieto es sobrado inteligente para salirse de su papel, sino porque el carácter de Negrín no sirve para eso». Tenía razón.

De la ciencia a la política. Juan Negrín nació en 1892 en Las Palmas de Gran Canaria en el seno de una familia de la alta burguesía comercial de la isla. La posición económica de sus padres le permitió viajar a Alemania a estudiar medicina. En 1912 obtuvo el doctorado en fisiología en Leipzig y comenzó a destacar por una notable producción científica. El estallido de la Gran Guerra le empujó a regresar a España. En 1916 se trasladó a Madrid para dirigir el Laboratorio de Fisiología General de la Junta de Ampliación de Estudios. En 1922 obtuvo la cátedra de Fisiología Humana de la Universidad Central de Madrid, donde fue tutor para futuros investigadores de la talla de Severo Ochoa o Francisco Grande Covián, y durante los años siguientes demostró su energía como secretario de la Junta Constructora de la Ciudad Universitaria.

Desde muy joven Negrín había mostrado convicciones políticas progresistas pero sin adquirir ningún compromiso. En 1926 firmó el manifiesto fundacional de Alianza Republicana. Y en la primavera de 1929 se afilió al PSOE, a su juicio el partido más republicano de España. Un socialista pragmático cercano a la línea moderada que representaba Indalecio Prieto. El doctor Juan Negrín fue diputado en las tres legislaturas republicanas, destacó en las comisiones de Ha-

1922	1929	1931-1936
Catedrático de Fisiología de la Universidad Central de Madrid.	Afiliación al PSOE.	Diputado socialista en las tres legislaturas republicanas.

> «Se tenía en el poder con seguridad y era, con bondades y defectos, un hombre de Estado con planes y ambiciones de tal.»
>
> **Julián Zugazagoitia,**
> *Guerra y vicisitudes de los españoles,* 1940.

cienda y Presupuestos y fue representante de España en varios organismos internacionales.

En el verano de 1936, en medio del caos violento y revolucionario de Madrid, Negrín intentó evitar el asesinato de amigos, discípulos y familiares y realizó labores de apoyo a los milicianos apostados en la Sierra. El 4 de septiembre fue nombrado ministro de Hacienda del Gobierno de Largo Caballero. Le avalaba su experiencia como gestor y sus conocimientos sobre finanzas y presupuestos. Su objetivo, como el del resto del Gobierno, era la reconstrucción del Estado, proporcionar fondos para sostener el esfuerzo bélico y asegurar el abastecimiento de la retaguardia. Negrín puso en marcha, con una gran energía, un amplio plan de economía de guerra que incluía la movilización de todos los recursos productivos del territorio republicano. Reforzó el cuerpo de Carabineros, recuperó el control de las fronteras y empleó las reservas del Banco de España para pagar la compra de armamento, combustible y bienes de primera necesidad.

Las ventas de oro se dirigieron primero al Banco de Francia. Después, ante el peligro inminente de ocupación de Madrid, Negrín consiguió el traslado del oro a la base naval de Cartagena y su posterior envío a la URSS. Fue una iniciativa personal, apoyada por el Gobierno, y no una imposición de Stalin. Ante el abandono de las potencias occidentales, el camino de Moscú era la única vía disponible para asegurar el suministro de divisas, armas y municiones.

4 DE SEPTIEMBRE DE 1937	17 DE MAYO	6 DE ABRIL DE 1938
Ministro de Hacienda en el Gobierno de Largo Caballero.	Nombramiento como jefe del Gobierno republicano.	Crisis de gobierno. Negrín asume la cartera de Defensa.

El Gobierno de la adversidad. En mayo de 1937 la crisis de gobierno provocó la dimisión de Largo Caballero. Manuel Azaña, para sorpresa de muchos, decidió entonces llamar a Negrín. Su llegada a la presidencia significó un giro político. Un gobierno fuerte, con autoridad para dirigir la economía, asegurar el orden en la retaguardia y redoblar el esfuerzo de guerra. Como jefe del Gobierno apostó por un mando único militar, concentrado en el Estado Mayor Central. Y situó a su cabeza al teniente coronel Vicente Rojo, el mejor estratega del Ejército Popular.

> **«Cada día de resistencia es un día de ganancia para España.»**
>
> Discurso radiado de Juan Negrín, *El Socialista*, 29 de marzo de 1938.

En la primavera de 1937 Negrín todavía creía en la posibilidad de ganar la guerra. En los meses siguientes fracasaron las ofensivas de Brunete y Belchite y cayó toda la zona Norte. Al terminar el otoño tanto Azaña como Prieto, el ministro de Defensa, habían perdido la fe en la victoria militar. Pero Negrín todavía creía que había una posibilidad. La batalla de Teruel disipó esa esperanza. En los primeros meses de 1938 las cosas fueron de mal en peor. En marzo, la gran ofensiva franquista lanzada en Aragón derrumbó toda la línea del frente. La República estaba al borde del desastre. Pero Negrín reaccionó con energía pidiendo ayuda urgente a Francia, que abrió su frontera con Cataluña. Al mismo tiempo, destituyó a Prieto y asumió en persona el Ministerio de Defensa con el propósito de reforzar la autoridad y la disciplina. Su consigna era clara: «¡resistir es vencer!».

En abril de 1938, el segundo gabinete de Negrín empezó sus funciones en medio de una situación crítica. Expuso entonces los famosos «Trece puntos», un programa democrático de gobierno que defendía una legislación social avanzada pero al mismo tiempo reconocía el derecho de propiedad y la libertad de ejercicio de prácticas religiosas. En el fondo, una invitación para poner fin al conflicto bélico, dirigido tanto a la opinión interna como a la internacional.

9 DE FEBRERO DE 1939	6 DE MARZO	12 DE NOVIEMBRE DE 1956
Paso de la frontera francesa, en la caída de Cataluña.	Negrín abandona España y parte hacia el exilio.	Fallecimiento en París.

Para Negrín, cada vez más distanciado de Azaña, la resistencia militar era el único camino para forzar un final negociado. El esfuerzo de reorganización dio sus frutos con la creación del Ejército del Ebro. Negrín y Rojo acordaron el inicio de una ofensiva audaz al sur del Ebro. Durante casi cuatro meses, entre julio y noviembre de 1938, el Ejército Popular se jugó el todo por el todo en la batalla más larga y cruenta de toda la guerra. Se lo jugó y lo perdió. Y lo perdió mientras se cerraba de nuevo la frontera francesa, mientras en Múnich se esfumaba la posibilidad de una mediación internacional que socorriera a la República.

A finales de diciembre de 1938 los sublevados lanzaron la ofensiva final sobre Cataluña. Negrín todavía pensaba que la guerra solo se perdería si se tiraban las armas, y que si se prolongaba la resistencia unos meses más quizá estallaría el conflicto europeo. Pero en enero de 1939 el frente se derrumbó. Negrín fue testigo de la desbandada republicana hacia los Pirineos. El 9 de febrero supervisó en persona el paso de la frontera francesa de las últimas tropas. Todavía regresó a la zona centro-sur para seguir al frente de su responsabilidad. Pero el Estado había dejado de funcionar y el deseo de terminar la guerra era un clamor general en la retaguardia republicana. La última esperanza de una paz humanitaria sin represión era papel mojado para Franco. Negrín se encontraba cada vez más aislado.

Todo era inútil. La única salida era la marcha hacia el exilio. Una vez en Francia Negrín intentó mantener la continuidad de su gobierno. En junio de 1940, ante la llegada de las tropas alemanas, embarcó en Burdeos camino de Londres. En el Reino Unido no consiguió el reconocimiento diplomático y terminó aislado y rechazado por el grupo de republicanos exiliados en México, dirigido por Prieto. En el verano de 1945 las Cortes de la República proclamaron a Giral como nuevo presidente del Gobierno en el exilio. Antes de terminar el año la fractura socialista se consumaba y Negrín era expulsado del PSOE. Era el final de su vida política. Su muerte se produjo una década más tarde, en París. Como decía la nota necrológica publicada por *The New York Times*: «Pasará bastante tiempo hasta que la figura de Juan Negrín sea situada en la historia en su verdadera luz».

EL ÚLTIMO DÍA DE NEGRÍN EN ESPAÑA

El 6 de marzo de 1939 fue el último día de Juan Negrín en España. El médico Francisco Vega Díaz, jefe de sanidad del ejército de Andalucía, fue testigo de las horas finales del jefe del Gobierno en la «Posición Yuste», una villa cercana a Elda. Aquello era «una casa de locos», un auténtico «guirigay». El día anterior había estallado la sublevación de Cartagena y esa misma noche se confirmaba el golpe de Casado en Madrid: «estaba viviendo una verdadera y encadenada pesadilla sin despertar posible». En aquellos momentos finales Negrín aparecía «pálido, ojeroso, por los párpados medio hinchados, bañado en sudor y sin afeitar». Parecía un «enfermo desilusionado». Francisco Vega Díaz nunca olvidó la última imagen de Negrín: «Muy pocas veces y pocas personas habrán tenido ocasión de contemplar de cerca a un tan sobresaliente personaje en estado de absoluto decaimiento, viendo que el país de que había aceptado ser responsable, se hundía inequívocamente. En las horas que permanecí en Elda metido en pleno núcleo del desbarajuste final, pude comprender que la talla de mi catedrático de Fisiología era casi sobrehumana».

La idea en síntesis:
la personificación del esfuerzo
bélico republicano.

El Ebro: la gran batalla

«Los rojos han cruzado el Ebro.» A las cero horas y quince minutos del 25 de julio de 1938 las tropas republicanas cruzaron el río por sorpresa. Por delante tenían la útima esperanza de cambiar el curso de la guerra. El 16 de noviembre, después de 113 días de durísimos combates, los últimos supervivientes volvían a pasar a la orilla izquierda del Ebro. Atrás quedaban más de 120.000 bajas en un terreno de apenas ochocientos kilómetros cuadrados que no valía nada, que lo valía todo.

CRONOLOGÍA

25 DE JULIO DE 1938	2 DE AGOSTO	6 DE AGOSTO
Las tropas republicanas comienzan a cruzar el Ebro.	Franco llega al frente del Ebro.	Contraofensiva franquista sobre la bolsa de Mequinenza.

«La orilla del Ebro era tendida, con altos cañaverales que tapaban el agua.

Una línea de vigilancia se extendía a lo largo de la margen derecha, guarnecida de fuerzas nacionales que montaban una guardia cansina, frente a un enemigo invisible y silencioso, que en la orilla de enfrente sesteaba bajo el sol de julio.» En la novela *La soledad de Alcuneza* Salvador García de Pruneda recrea los primeros momentos de la ofensiva republicana en el Ebro. «Un tedio hondo se iba apoderando de los hombres. Pero no era el tedio puro y sin mácula del descanso en la retaguardia, que la ausencia de peligro hace ligero y la falta de responsabilidad deseable, sino el aburrimiento cargado de presagios de la muda de tiros.» La noche había sido tranquila. La calma total. De pronto, en la madrugada, un corneta tocó generala. El enemigo había pasado el Ebro: «Un tiroteo muy nutrido hacia la parte del río era el contrapunto a la algarabía de voces angustiadas que de la plaza se elevaba en la mañana caliente del día de Santiago patrón de España».

La ofensiva republicana. El 25 de julio de 1938 las primeras unidades republicanas comenzaron a cruzar el río Ebro. En los días siguientes lo hicieron casi cien mil hombres, los dos cuerpos de ejército que formaban la llamada Agrupación Autónoma del Ebro. Enfrente tenían unos 40.000 soldados franquistas apostados en la Tierra Alta, una comarca del interior de Tarragona que no tenía un gran valor estratégico. El objetivo del general Rojo era distraer tropas franquistas para aliviar la presión del frente de Levante. El de Negrín, ganar tiempo en espera del estallido de la guerra en Europa, que juzgaba inevitable.

El plan de ataque del jefe del Ejército del Ebro, Juan Modesto, preveía que el veterano V Cuerpo de Líster alcanzara la sierra de Pandols hasta Gandesa y que el XV Cuerpo de Tagüeña se dirigiera hacia

---

10 DE AGOSTO	19 DE AGOSTO	3 DE SEPTIEMBRE
Contraofensiva en la sierra de Pàndols.	Contraofensiva desde Villalba de los Arcos.	Cuarta contraofensiva hacia la Venta de Camposines.

> «Si me quieres escribir / ya sabes mi paradero / en el frente de Gandesa / primera línea de fuego.»
>
> Versión popular de una canción de la guerra de África.

Villalba de los Arcos y Corbera. Además, los republicanos lanzaron dos ataques de distracción al Norte y al Sur de la zona central. Las unidades de vanguardia utilizaron barcas para pasar el río. El resto de las tropas lo hizo a través de pasarelas improvisadas, atacadas por los cazas franquistas. La mayoría de los puentes fueron destruidos después por la crecida del río, provocada por la apertura de las presas de Tremp y Camarasa. Los republicanos tenían pocos medios de paso y carecían de apoyo aéreo. Y tampoco podían esperar repuestos de armas y equipo, con la frontera francesa cerrada de nuevo desde el comienzo del verano. Les faltaban aviones, cañones, puentes y camiones. Y también divisiones de reserva.

Pero el éxito inicial era indudable. Las defensas franquistas fueron desarboladas y las tropas de choque avanzaron varios kilómetros con rapidez. Los republicanos habían causado muchas bajas y capturado a más de 3.000 prisioneros. Los hombres de Tagüeña estaban a las puertas de Gandesa y las unidades de Líster ocupaban las alturas de las sierras de Pàndols, Cavalls y Lavall. El general Yagüe, sorprendido por el empuje del ataque, tuvo que pedir ayuda con urgencia. La reacción de Franco no se hizo esperar. Ordenó detener la ofensiva sobre Valencia y envió con celeridad una gran fuerza aérea y cinco divisiones.

Después de una semana de combates la ofensiva fue detenida. La línea del frente se estabilizó y las fuerzas de uno y otro ejército quedaron equilibradas. La infantería republicana, acosada desde el aire, sin medios móviles y sin material pesado, pasó a la defensiva y comenzó a cavar trincheras. Los estrategas del Estado Mayor sublevado recomendaron a Franco mantener el control de la brecha abierta en la Tierra Alta y reanudar las ofensivas en otros frentes. Pero Franco desoyó sus consejos y se empeñó en un plan de choque frontal sin importarle el coste. Estaba dispuesto a pagar un precio muy alto en vidas humanas con el fin de destrozar a lo mejor del Ejército Popular. Comenzó entonces una encarnizada batalla de desgaste.

Los contraataques franquistas. El 6 de agosto se lanzó el primero de los ataques ordenados por Franco, dirigido a ocupar la bolsa de Mequinenza, situada al Norte del sector central. Los republicanos de la 42.ª División, barridos por la artillería y la aviación, apenas pudieron resistir tres días dejando sobre el terreno más de 800 muertos.

El día 10 de agosto se inició el asalto de la 4.ª División de Navarra contra las defensas de la 11.ª División de Líster, dos unidades fogueadas y veteranas, enfrentadas cuerpo a cuerpo en el terreno montañoso, áspero y escarpado, de la sierra de Pàndols. La lucha por el dominio de cada cota se convirtió en una sangría. Diez días de combate infructuoso con miles de bajas en cada bando. El día 19 comenzó otra ofensiva franquista con cuatro divisiones lanzadas sobre el centro del frente, en un terreno más favorable para el asalto. Durante una semana se sucedieron los ataques y contraataques. Las tropas «nacionales» lograron avanzar unos kilómetros con un gran número de bajas, pero las unidades de Tagüeña cerraron las brechas abiertas y recompusieron la línea de defensa.

El 3 de septiembre arrancó otra ofensiva sobre el enclave de la Venta de Camposines y las posiciones de la sierra de Cavalls. Unas 300 piezas de artillería machacaron una estrecha franja de apenas 6 kiló-

> «El ejército republicano se ha agotado cuando se han agotado sus mejores armas: la audacia, la rapidez y la sorpresa.»
>
> **Jorge M. Reverte,**
> *La batalla del Ebro,* 2003.

metros. Pero el resultado final del ataque fue tan estéril como los anteriores y el campo de batalla quedó sembrado de muertos. Cada metro de terreno que cedían los republicanos se cobraba un precio muy alto de sangre. La conquista de la Tierra Alta era un símbolo para Franco igual que lo era su defensa para la causa de la República. Un objetivo con más valor político que militar.

El 18 de septiembre se produjo una nueva ofensiva franquista en el sector de Villalba de los Arcos mientras aumentaba la tensión internacional por la amenaza de Hitler de invadir Checoslovaquia. El empuje franquista decayó a final de mes, cuando llegaron también las noticias del llamado pacto de Múnich. Un regalo para Franco, que reanudó la batalla con un encarnizado asalto sobre las posiciones republicanas, cada vez más agotadas y debilitadas, sin reservas ni refuerzos. El 30 de octubre el ejército sublevado reagrupó sus fuerzas y se lanzó a un asalto brutal con 50.000 hombres y 500 piezas de artillería sobre las sierras de Cavalls y Pàndols. Las oleadas sucesivas de legionarios y regulares consiguieron, al fin, romper la línea de trincheras republicanas. El 3 de noviembre todas las alturas de las sierras cayeron en manos de las unidades de García Valiño. Al día siguiente los franquistas ocuparon Miravet y se apostaron sobre la orilla del Ebro.

Los débiles ataques republicanos emprendidos en la línea del Segre y en el frente de Levante fueron infructuosos. En el Ebro todo estaba perdido. En medio del frío y de la lluvia, las unidades deshechas del V Cuerpo intentaron organizar una retirada ordenada para evacuar el material pesado y salvar el mayor número de hombres. En la madrugada del 16 de noviembre cruzaron el Ebro las últimas tropas republicanas. Dejaban atrás un gran botín de guerra y 20.000 muertos de un total de 60.000 bajas. En el ejército sublevado el número de bajas había sido similar. Pero Franco podía recomponer y armar de nuevo sus divisiones. La República había perdido lo mejor de su ejército sin posibilidad de rehacerlo. Y también la moral de sus combatientes.

LA CONFERENCIA DE MÚNICH

En los últimos días del verano de 1938 la delicada situación política europea se agravó por momentos con la exigencia de Hitler a Checoslovaquia de la entrega inmediata del territorio de los

Sudetes. El Gobierno checo decretó la ley marcial. La guerra parecía a punto de estallar. El Reino Unido ofreció a Hitler su mediación. A mediados de septiembre, Chamberlain viajó a Alemania varias veces sin éxito y buscó la intercesión de Mussolini. El día 29 se reunían en Múnich Hitler y Mussolini con los primeros ministros del Reino Unido y Francia, Chamberlain y Daladier. La suerte de Europa estaba en juego.

Y la de España también. Al menos eso pensaban los dos contendientes que se desangraban en la batalla del Ebro. Franco temía que si estallaba la guerra en Europa se vería obligado a situarse al lado de Alemania e Italia y enfrente de británicos y franceses, aliados entonces de la República. Negrín esperaba precisamente esa situación. El 21 de septiembre había proclamado en Ginebra, en la Sociedad de Naciones, la retirada unilateral de las Brigadas Internacionales. Las potencias democráticas no tendrían ya excusas para negar su auxilio a los republicanos españoles. Al fin y al cabo, argumentaba, España y Checoslovaquia eran ejemplos de un mismo fenómeno, la agresión expansionista del nazismo.

Pero la reunión de Múnich no terminó como deseaban los republicanos. Francia y el Reino Unido aceptaron la desmembración de Checoslovaquia. El pacto firmado con Hitler el día 30 era la culminación de la política de apaciguamiento. Y también una sentencia de muerte para la República.

La idea en síntesis:
la mayor batalla de la historia militar española.

La caída de Cataluña

La ofensiva final. En apenas un mes el ejército franquista terminó con la resistencia republicana en Cataluña. La desbandada de los reclutas bisoños, el silencio de vísperas de Barcelona, la huida frenética hacia la frontera, la desaparición del Estado, los bombardeos incesantes, las caravanas de refugiados... La caída de Cataluña fue la imagen de la derrota total de la República antes de que esta se produjera.

CRONOLOGÍA

23 DE DICIEMBRE DE 1938	5 DE ENERO	15 DE ENERO
Comienza la ofensiva franquista en Cataluña.	Los sublevados llegan a Borges Blanques.	Caída de Tarragona.

«La ofensiva que preparaban los facciosos

para sacudirse la hipoteca que les habíamos impuesto en el Ebro, no debía reclamar, a juicio de alto mando rebelde, secreto ni necesitar misterio. Poco faltó para que adelantasen en sus periódicos las direcciones de ataque y los recursos, en hombres y en material, que iban a meter en juego. No sé que nadie haya tratado al adversario con mayor menosprecio. La publicidad dada a la ofensiva era, por sí sola, intimidante.» El relato de Julián Zugazagoitia, en *Guerra y vicisitudes de los españoles*, permite seguir paso a paso la caída de Cataluña, el derrumbe de los restos del Estado republicano y la trágica retirada final hacia la frontera francesa. Las vísperas anunciadas de la derrota final de la República.

La ofensiva final. El día 23 de diciembre de 1938 comenzó la ofensiva franquista sobre el frente de Cataluña. «La reciedumbre de la acometida no nos causó sorpresa», comenta Zugazagoitia. Estaba cantado. El general Dávila, al mando de seis cuerpos de ejército, contaba entre la línea del Segre y la del Ebro con 300.000 hombres, 500 piezas de artillería y otros tantos aviones. Enfrente, el Ejército Popular tenía, en teoría, casi 250.000 soldados. Pero la mitad no eran efectivos, muchos hombres no tenían ni siquiera fusil. Hacían falta armas, municiones, tanques, cañones y aviones. Y también mantas y víveres. Y una moral de combate que fallaba en los reclutas más jóvenes y más viejos, movilizados a última hora sin adiestramiento ni material.

El general Rojo había pedido con insistencia el inicio de ofensivas en el Centro, en Extremadura y en Andalucía para alejar el asalto franquista sobre Cataluña. Pero esos ataques no se produjeron o fueron intrascendentes. Los republicanos apostados en las líneas fortificadas catalanas estaban solos frente al asalto franquista. La potencia

24 DE ENERO	26 DE ENERO	1 DE FEBRERO
Los franquistas entran en Manresa.	Ocupación de Barcelona.	Última reunión de las Cortes en España.

«El Ejército de la República se dispone a defender Barcelona. A cerrarle el camino a los invasores. Europa contempla el espectáculo y se prepara a ver reproducida la gesta de Madrid.»

La Vanguardia,
25 de enero de 1939.

de fuego inicial, concentrada sobre el centro del frente, produjo la desbandada de algunas unidades. Por las brechas abiertas penetraron con rapidez las tropas de choque rebeldes y las fuerzas motorizadas del CTV. En pocos días el frente se derrumbó por entero. «El tren de ataque es angustioso», relata Zugazagoitia, «el suelo y el fuego son de fuego.» Las divisiones republicanas que mantenían la resistencia tuvieron que retirarse a una segunda línea de defensa para no verse copadas.

El 15 de enero de 1939 el general Yagüe entró en Tarragona. El día 22 las tropas italianas ocuparon Igualada, el mismo día que los soldados marroquíes, que avanzaban por la costa, llegaban hasta Sitges. Los esfuerzos del general Rojo por reorganizar sus fuerzas eran estériles. En las carreteras comenzó un caos de vehículos de todo tipo mezclados con decenas de miles de refugiados que huían a pie, confundidos con soldados desertores que abandonaban sus posiciones. El presidente Negrín lanzó llamadas angustiadas de socorro a París, a Londres e incluso a Washington. Pero las iniciativas diplomáticas, infructuosas, iban por detrás del avance enemigo, imparable. El 21 de enero el general Rojo confesaba que, en la práctica, la línea del frente no existía y que no había medios para recomponerla.

Como explica Zugazagoitia, «¿qué es un cuerpo de ejército? ¿Son mil hombres, cien mil, cuarenta? Nadie lo sabe. ¿Qué es una línea de resistencia? ¿Qué es una fortificación? Las definiciones clásicas nos

4 DE FEBRERO

Gerona cae en manos de los sublevados.

9 DE FEBRERO

Negrín y Rojo cruzan a Francia. Los franquistas alcanzan la frontera.

enseñan lo que debieran ser; pero de ningún modo lo que son en la actualidad». Ante sus ojos tiene «la angustiosa sensación de aplastamiento irremediable». El adversario «nos venía a los alcances, no con sus fusiles, sino con algo cien veces peor: con la fuerza de su victoria». El 22 de enero comenzó la evacuación de Barcelona de la administración del Estado. El día 24 Negrín accedió a declarar de manera oficial el Estado de guerra, dejando el orden interno en manos militares. Pero ya era tarde para todo. El 26 las tropas franquistas entraron en Barcelona, una ciudad abierta y silenciosa, rendida sin oponer resistencia.

> **«Entrada apoteósica del Ejército Nacional en Barcelona.»**
>
> *La Vanguardia,*
> 27 de enero de 1939.

Hacia la frontera. El presidente de la República, Manuel Azaña, desplazó su residencia primero al castillo de Peralada y luego, más al Norte, a la localidad fronteriza de La Vajol. El Gobierno republicano, o lo que quedaba de él, ocupó durante unos días el castillo de Figueras. Desde allí, el 28 de enero, todavía Negrín envió ánimos a los combatientes a través de la radio. El 1 de febrero, al anochecer, se celebró la última sesión de las Cortes en territorio español. En las caballerizas se reunieron algo más de sesenta diputados. A Zugazagoitia el grupo de parlamentarios, en la nave inmensa de piedra, a medianoche, le parecía «una ceremonia religiosa y entrañable de una secta perseguida». Y las palabras de Negrín, «los últimos tizones de una fe que agonizaba». El presidente del Gobierno todavía hizo una propuesta de paz con condiciones: que España sea independiente, que el pueblo pueda decidir su futuro en un plebiscito y que no haya venganzas personales. Pero Franco tenía en su mano una victoria total, no quería oír hablar de condiciones.

El 28 de enero el Gobierno francés había accedido al ruego republicano. La frontera se había abierto. En principio solo para dejar pasar a la población civil, las decenas de miles de personas de toda condición que abarrotaban los caminos y las carreteras hacia los pasos de los Pirineos. «Una muchedumbre enloquecida», recordaba después Azaña: «Desesperación de no poder pasar, pánico, saqueos y un temporal deshecho. Algunas mujeres malparieron en las cunetas. Algunos niños perecieron de frío o pisoteados». Unos días más tarde, el 5 de febrero, pudieron pasar también a Francia los combatientes. En total, más de 400.000 españoles llegaron a cruzar la frontera hasta el 9 de febrero, cuando la vanguardia franquista llegó a los puestos fronterizos.

«La frontera», decía Zugazagoitia, «separaba algo más fundamental que un país de otro, separaba la vida de la muerte». El día 5 de febrero la cruzó Azaña, acompañado de Negrín, y también Companys y Aguirre, los dos presidentes autonómicos. Negrín volvió de nuevo sobre sus pasos. Asistió junto al general Rojo, el día 9, en la supervisión del paso de las tropas republicanas por La Junquera: «nos metimos en la última casa española. Un piquete de carabineros montaba la guardia. Escaleras arriba, fuimos perdiendo el dominio sobre la emoción y rompimos en un llanto congojoso. Llorábamos a escondidas los unos de los otros, pero en todos los ojos, enrojecidos y húmedos, se podía averiguar lo que pudorosamente tratábamos de ocultarnos». Negrín volvió a la zona Centro republicana un día más tarde. Zugazagoitia se quedó en Francia. También volvió a España, pero en una situación bien diferente. En julio de 1940 la Gestapo lo detuvo en su casa de París. Fue fusilado en Madrid, en la madrugada del 9 de noviembre de ese año.

LLUÍS COMPANYS

Lluís Companys i Jover (1882-1940) nació en un pueblo de la comarca leridana de Urgell, el segundo hijo de un conocido terrateniente. En Barcelona, como estudiante de derecho, descubrió una temprana vocación política dentro del mundo del republicanismo catalanista. En 1917 fue elegido concejal de Barcelona por el Partit Republicà Català y en 1920 obtuvo un acta de diputado en Madrid. Con el inicio de la dictadura de Primo de Rivera regresó a Barcelona, donde siguió ejerciendo como abogado laboralista, donde había destacado por la defensa de sindicalistas y activistas revolucionarios.

En abril de 1931 formó parte de la ejecutiva de Esquerra Republicana de Cataluña. La victoria en las elecciones municipales le llevó a la alcaldía de Barcelona. Fue diputado en las primeras Cortes republicanas y presidente de la Generalitat a partir de enero de 1934. En octubre de ese año Companys proclama el Estado Catalán dentro de la República Federal Española. La represión del movimiento revolucionario le llevó a la cárcel, donde permaneció hasta la amnistía de febrero de 1936.

Al comenzar la guerra civil Companys continuó al frente de la Generalitat, con una autoridad muy limitada por el poder real de la calle, en manos de los milicianos anarquistas. Se mostró siempre contrario a la violencia revolucionaria intercediendo para salvar la vida de cientos de detenidos. Después de los sucesos de mayo de 1937 Companys recuperó su autoridad institucional pero mantuvo unas difíciles relaciones con el gobierno centralizador de Juan Negrín. En enero de 1939, ante el derrumbe del frente, tuvo que abandonar Barcelona para huir hacia la frontera francesa, que terminó cruzando el día 5 de febrero. Pero la guerra no había terminado para él. En agosto de 1940 fue detenido por agentes alemanes y entregado después a las autoridades franquistas. El 15 de octubre de ese mismo año Companys fue fusilado en Barcelona, en el castillo de Montjüic. El fiscal del consejo de guerra sumarísimo que lo condenó a muerte y el capitán que actuó como defensor de oficio le debían la vida.

La idea en síntesis:
la caída de Cataluña precipitó el final de la República.

El derrumbe de la República

«Del Hacho al Pirineo has avanzado / vega de espadas, despertando el brío / y ya rige tu fuerte señorío / del Océano al mar, tierra y Estado.» Los versos de Dionisio Ridruejo, en honor a Franco, resumen el recorrido de las tropas sublevadas a lo largo de la guerra. Desde el monte Hacho, en Ceuta, en julio de 1936, hasta los pasos fronterizos de los Pirineos, en febrero de 1939. La agonía de la República se prolongó un mes más. La amargura de la derrota y el júbilo de la victoria.

CRONOLOGÍA

10 DE FEBRERO DE 1939	13 DE FEBRERO	16 DE FEBRERO
Negrín regresa de Francia a la zona Centro republicana.	Publicación en Burgos de la Ley de Responsabilidades Políticas.	Reunión de Negrín y la cúpula militar republicana en la base de Los Llanos.

«Yo estaba durmiendo en la embajada, y de pronto oí unos gritos estentóreos diciendo: ¡Viva España!»

El teólogo Enrique Miret Magdalena evocaba en sus memorias, *Luces y sombras de una larga vida*, el día que acabó la guerra en Madrid, la primera vez que salía a la calle en dos años. El 28 de marzo era un día soleado. Parecía primavera. «El entusiasmo de la gente por el final de la guerra era apoteósico. Todo Madrid estaba en la calle cantando y bailando en plena explosión de alegría. Parecía que nadie hubiera sido rojo ni republicano.» Los que tenían armas las arrojaron por las calles. Había familias que tiraban también las lentejas repartidas en los días anteriores «porque estábamos convencidos de que los nacionales traían abundantes provisiones, dado lo que pregonaban por la radio días antes del final. Pero todo quedó en agua de borrajas, y aquí nada entró para resolver el acuciante problema alimenticio. Y se vio a la gente recogiendo pacientemente por las aceras lo que el día anterior habían desperdiciado». El principio de la posguerra.

En la zona Centro republicana. El 10 de febrero de 1939 Negrín tomó un avión en Toulouse y aterrizó en el aeropuerto de Alicante. Su consigna de resistencia a ultranza no tenía futuro pero temía las consecuencias funestas de una rendición incondicional. La represión masiva, las cárceles y los pelotones de fusilamiento. Las intenciones de Franco se podían leer en Burgos el día 13 con la aprobación de la Ley de Responsabilidades Políticas. No solo se iba a perseguir a las personas que se habían opuesto al Movimiento Nacional a partir de julio de 1936. También a las que hubieran promovido la «subversión» desde octubre de 1934.

El presidente del Gobierno se encontraba cada vez más aislado. Azaña se negaba a volver a la zona Centro republicana. El general

27 DE FEBRERO	4 DE MARZO	5 DE MARZO
El Reino Unido y Francia reconocen a Franco. Dimisión de Azaña.	Sublevación de Cartagena.	Golpe de Casado. Creación del Consejo Nacional de Defensa.

«**Levantando nuestro corazón al Señor, agradecemos sinceramente, con V. E., deseada victoria católica en España.**»

Telegrama de felicitación
a Franco del papa Pío XII,
ABC, 2 de abril de 1939.

Rojo tampoco tenía intención de regresar de Francia. Y en Madrid los militares profesionales conspiraban para aislar a los comunistas y negociar una rendición inmediata. El coronel Segismundo Casado estaba dispuesto a dar un golpe de Estado para entablar después conversaciones con Franco. Un pacto entre militares.

El 16 de febrero Negrín reunió en la base aérea de Los Llanos, en Albacete, a la cúpula militar republicana. Salvo el general Miaja, los jefes de los ejércitos del Centro (Casado), Levante (Menéndez), Extremadura (Escobar) y Andalucía (Moriones) se mostraron contrarios a continuar una resistencia que juzgaban inútil. El almirante Buiza llegó incluso a sugerir una posible deserción de la flota. Negrín realizó un último intento diplomático para lograr una paz humanitaria. Pero sus gestiones fueron inútiles. El 27 de febrero Francia y el Reino Unido reconocieron oficialmente a Franco y al día siguiente Azaña presentó su dimisión como presidente de una República que se tambaleaba y anunciaba un desplome inminente.

El 3 de marzo Negrín situó a varios militares de confianza, militantes comunistas, al frente de las unidades más importantes y los puertos y los enclaves estratégicos de Levante. No se trataba de un complot del PCE. En esos momentos, el único plan que tenía algún sentido era un repliegue ordenado de las tropas hacia el Mediterráneo para proteger una eventual evacuación. Al día siguiente, la llegada del teniente coronel Francisco Galán a la jefatura de la base naval de Cartagena desencadenó una confusa sublevación en la que se mezclaron soldados y marinos favorables a Casado con otros grupos franquistas.

12 DE MARZO	28 DE MARZO	30-31 DE MARZO
Las tropas de Casado terminan con la resistencia comunista en Madrid.	Los soldados franquistas entran en Madrid.	Miles de refugiados republicanos tratan de embarcar en Alicante.

El 5 de marzo los refuerzos enviados por Negrín aplastaron el levantamiento y tomaron el control de la base naval. Pero la flota republicana, que había salido a alta mar, se negó a regresar a tierra y terminó en Túnez, entregando los barcos a los franceses.

El golpe de Casado. La noche del 5 de marzo el coronel Casado se sublevó en Madrid y constituyó un Consejo Nacional de Defensa apoyado por jefes militares profesionales, incluido el general Miaja, las fuerzas anarquistas de Cipriano Mera y figuras socialistas destacadas como Julián Besteiro. Al día siguiente Negrín y sus colaboradores más cercanos volaron desde Alicante rumbo a Francia. El presidente de un gobierno casi inexistente, aislado y agotado, no quería propiciar un enfrentamiento entre republicanos. La lucha se redujo a Madrid, donde los oficiales comunistas se negaron a entregar las armas. Los combates en las calles de la ciudad se prolongaron durante una semana, hasta el día 12 de marzo, cuando las tropas de Casado terminaron con el último reducto de resistencia comunista dejando un saldo de más de 200 muertos.

Lo ocurrido, según el comunista Ignacio Hidalgo de Cisneros, se debía «a los continuos avances del enemigo, la pérdida de Cataluña y, sobre todo, el cansancio de la guerra». Todo ello produjo «un estado de ánimo muy propicio para dejarse engañar por cualquier propaganda que ofreciese una salida honrosa». La que buscaba el general Casado se estrelló contra la determinación de Franco de no aceptar otra cosa que no fuera una rendición incondicional.

El día 23 de marzo tuvo lugar en el aeródromo de Gamonal, en las afueras de Burgos, la primera reunión de los emisarios de Casado con los representantes de Franco, que exigían la entrega de la aviación

«¡Bienvenido, Capitán! / Bienvenido a tu Madrid, / con la palma de la lid / y con la espiga del pan.»

Manuel Machado, «Al sable del Caudillo», 1939.

1 DE ABRIL

Último parte de guerra.

republicana y la posterior rendición de las tropas de tierra. La segunda reunión, celebrada el día 25 en el mismo lugar, fue suspendida por el Estado Mayor franquista con la excusa de que algunos aviones republicanos habían huido. Al día siguiente las unidades «nacionales» recibieron la orden de avanzar sobre las posiciones republicanas de todos los frentes. Apenas encontraron resistencia. Los miembros de la Junta de Casado, desengañados, huyeron hacia Valencia. Los soldados republicanos abandonaban sus posiciones y tiraron las armas. El 28 de marzo se produjo la entrega de la capital a las fuerzas franquistas. El símbolo de la resistencia de la República frente a los sublevados caía sin disparar un solo tiro.

El final. El día 30 de marzo las tropas «nacionales» entraban en Valencia mientras las unidades italianas de Gambara cercaban Alicante, una ciudad colapsada por miles de refugiados que se desesperaban junto al puerto. En la novela *Campo de los almendros* Max Aub reprodujo la escena trágica de la noche del 30 al 31 de marzo: «Veinte, treinta, cuarenta mil personas hacinadas en el puerto; más treinta mil en la ciudad, sin contar las treinta mil que van llegando y no llegarán. Treinta mil de los que no puedo hablar, treinta mil que no quieren dormir, treinta mil que se saben perdidos. Los números nunca son exactos». El puerto era una trampa. Los barcos no llegaban y los italianos entraban en la ciudad. «¿Qué piensan, esta noche, los refugiados del puerto de Alicante, último residuo —no baluarte— de la República Española, último extremo de la gran guerra civil que ha enfrentado una vez más media España con la otra media? Sabe el autor que la muerte no pasa de ser un artificio retórico, como la palabra fin; no hay fin, no hay muerte, pero los libros se acaban porque se tienen que acabar.»

EL ÚLTIMO PARTE DE GUERRA

«En el día de hoy, cautivo y desarmado el Ejército rojo, han alcanzado las tropas Nacionales sus últimos objetivos militares. La guerra ha terminado.» Es el texto del último parte oficial de guerra, firmado por el Generalísimo Franco en Burgos, el 1 de abril de 1939, III Año Triunfal, Año de la Victoria.

El último parte oficial fue el único de toda la guerra firmado de puño y letra por Franco. Al parecer, una primera versión fue redactada por el coronel Antonio Barroso, jefe de operaciones del Cuartel General. Franco, que esos días tenía gripe y fiebre alta, corrigió y tachó algunas palabras y añadió otras. Luego lo pasó a limpio y lo firmó. Una vez mecanografiado, el propio coronel Barroso lo llevó rápidamente desde el Palacio de la Isla hasta los estudios de Radio Nacional. Desde allí fue emitido para toda España por la voz del «locutor soldado», el actor Fernando Fernández de Córdoba, a las 23,15 horas del 1 de abril de 1939.

La expresión «Ejército rojo» negaba a la República su carácter legítimo y constitucional y subrayaba el feroz anticomunismo de Franco. La denominación de «Año de la Victoria» sustituyó a partir de entonces en todos los textos oficiales a la de «III Año Triunfal», una nomenclatura que imitaba al fascismo italiano. Durante la dictadura franquista el 1 de abril fue celebrado como «Día de la Victoria». Y todavía en la actualidad algunas personas mayores siguen diciendo que van a oír o a ver «el parte» cuando se disponen a escuchar los informativos de la radio o la televisión.

La idea en síntesis: la derrota total de la República se precipitó por las discordias internas.

Epílogo. Después de la Victoria

«Por el paseo de la Castellana pasa un Ejército en desfile; lo que fue mancha victoriosa por la Geografía de España, es hoy línea, aguda y dura, como una lanza.» Así comienza la crónica de Agustín de Foxá para el diario *ABC* sobre el desfile de la Victoria celebrado en Madrid, el 19 de mayo de 1939. Durante cinco largas horas más de cien mil soldados desfilan delante de un arco de triunfo monumental presidido por Francisco Franco Bahamonde, Generalísimo de los Ejércitos de Tierra, Mar y Aire, condecorado ese mismo día con la Gran Cruz Laureada de San Fernando. Los gritos de «¡Franco, Franco!» se mezclan con los de «¡Duce, Duce!» y con los vivas a Hitler cuando desfilan los soldados italianos del *Corpo Truppe Volontarie* y los alemanes de la Legión Cóndor. Pasan generales con boina roja, camisas azules de Falange, camisas color aceituna del Tercio, marinos, aviadores, artilleros, soldados de Caballería y la «gracia varonil» de la Infantería. «Pasa un Ejército nostálgico del paisaje, del campo violento, peligroso de la guerra; barcas de pontoneros en camiones, secas, sin ríos (Ebro o Segre) que atravesar; cañones mudos, sin cresterías de montañas ni fortalezas que desmoronar, y el paso ondulante de los tanques, que se adapta a las rugosidades de los viñedos y los surcos, sobre el liso asfalto.» El Ejército que desfila «lleva el viento de la Victoria en la espalda, y tuvo antes del desfile que limpiarse la sangre y el barro de las batallas».

«De la guerra había surgido la paz, una paz pobre, miserable, casi tan ardua como la guerra.»

Vasili Grossman,
Vida y destino.

La sangre de las batallas. No conocemos con certeza el número de soldados fallecidos en el frente. Algunos historiadores hablan de 200.000 muertos. Otros autores rebajan esa cifra hasta los 150.000. De ellos, unos 90.000 serían combatientes republicanos, condenados al olvido, sepultados «entre escombros de guerra», en el verso de Manuel Altolaguirre. El resto, unos 60.000, soldados franquistas recordados como héroes y mártires. Los «caídos por Dios y por la Patria» grabados en las fachadas de las iglesias, las lápidas, los monumentos y las cruces de piedra que mencionaban solo a la comunidad de los vencedores.

Pero lo que caracteriza a una guerra civil y a una guerra total como la española, librada en la barbarie de la Europa de entreguerras, en las vísperas de la segunda guerra mundial, es la brutalidad y la crueldad de la violencia dirigida contra la población civil, contra los hombres y las mujeres que no llevaban un fusil entre las manos ni vestían un uniforme militar. Las 50.000 personas asesinadas en la retaguardia republicana y las 130.000 muertes violentas de la zona dominada por los franquistas, cifras que todavía no son definitivas. A ese número hay que sumar las víctimas provocadas por los bombardeos, unas 12.000 en la zona republicana y algo más de 1.000 en el territorio sublevado. Y también los muertos causados por las enfermedades, el éxodo forzoso, el hambre y las privaciones de todo tipo asociadas a las circunstancias de la guerra. Entre 80.000 y 100.000 muertes que no se hubieran producido sin el estallido de la contienda. En total, a lo largo de treinta y tres meses, el conflicto bélico desencadenado por el golpe de Estado militar produjo un número de muertos seguramente no inferior a los 450.000. La sangre redentora de España, como dijo el propio Franco unos años más tarde. Ya lo había avisado Manuel Azaña en sus diarios, en julio de 1937: «Cuando estén colmadas de muertos las cuencas de España, muchos creerán haber engendrado una nueva patria; o lo dirán, para que la sangre de sus manos parezca la sangre de un parto. Se llaman padres de la patria, o sus comadrones, y no son más que sus matarifes».

Las vidas perdidas en el interior de España y también las que tuvieron que salir hacia el exilio huyendo de la violencia. El propio Azaña cruzó los Pirineos y pudo ver con sus propios ojos, en los caminos de la frontera a Perpiñán, cómo los gendarmes y los soldados senegaleses daban «caza» a los españoles fugitivos: «empezaba una de esas tragedias que parecen reservadas a la desventura de nuestro pueblo». En las primeras semanas de 1939 entraron en Francia 450.000 refugiados españoles, la mitad de ellos civiles. Un éxodo masivo realizado en unas condiciones penosas. Francia no concedió a los republicanos el estatus de refugiados. La mayoría de los exiliados fueron recluidos en campos de concentración improvisados en marismas y playas desiertas, sin ningún tipo de servicios, donde padecieron hambre, frío y todo tipo de enfermedades y humillaciones.

Al terminar el año 1939 más de 250.000 refugiados habían regresado a España, la mayoría civiles y excombatientes sin una significación política destacada. Había contingentes importantes de exiliados españoles en el Norte de África (12.000), en México (8.000) y en la Unión Soviética (4.000) y grupos menores en otros países europeos y americanos. En Francia permanecían unos 140.000. Para escapar de los campos de internamiento miles de españoles terminaron reclutados en las Compañías de Trabajo de Extranjeros, de carácter militar, o enrolados en la Legión Extranjera. Españoles que huían de una guerra y se encontraron con otra. Algunos creían que era la misma. Después de la invasión alemana de Francia muchos republicanos vivieron sometidos a la vigilancia rigurosa del régimen de Vichy. Otros fueron perseguidos por los agentes de la Gestapo, que entregó a las autoridades franquistas a personalidades como Lluís Companys, Julián Zugazagoitia o Joan Peiró para acabar delante de un pelotón de fusilamiento. Y al menos 10.000 españoles fueron deportados a los campos de exterminio nazis. A Buchenwald, donde Jorge Semprún contempló «cara a cara, el horror radiante del Mal absoluto». Y a Dachau, Auschwitz, Ravensbrück, Sachsenhausen, Bergen Belsen y Mauthausen. Sobre todo Mauthausen. Allí llegaron 7.200 republicanos y murieron casi cinco mil. Cuando el campo fue liberado los supervivientes españoles no pudieron regresar a su país. En el campo de concentración estaban identificados con el triángulo azul de los apátridas. En el interior del triángulo figuraba una «S». Eran *spaniers*, apátridas españoles.

No tenían sitio en su país de origen. Ya lo había dicho Franco en su discurso de la Victoria: «Terminó el frente de la guerra pero sigue la lucha en otro campo». El triunfo conseguido con las armas se malograría «si dejásemos en libertad de acción a los eternos disidentes, a los rencorosos, a los egoístas». El espíritu de los vencidos «no se extirpa en un día, y aletea en el fondo de muchas conciencias». Los arrepentidos de corazón podían formar parte de la Nueva España «pero si ayer pecaron, no esperen les demos el espaldarazo mientras no se hayan redimido con sus obras».

Con sus obras y con sus vidas. Al terminar la guerra España era un enorme campo de concentración. En el Año de la Victoria un millón de españoles vivían, a duras penas, privados de libertad. Existían más de cien campos de concentración estables con 500.000 prisioneros de guerra en espera de ser clasificados, reeducados y sometidos al castigo impuesto por los vencedores. Otros 90.000 estaban recluidos en el centenar largo de Batallones de Trabajadores y casi 50.000 en los Batallones Disciplinarios de Soldados Trabajadores, condenados a trabajos forzosos, humillaciones y privaciones. Mano de obra barata para construir carreteras, vías ferroviarias, obras hidráulicas, edificios públicos y el Valle los Caídos, el monumento funerario proyectado por Franco en la sierra de Guadarrama. La población de las cárceles alcanzaba los 300.000 reclusos a mediados de 1939. Un año más tarde la cifra oficial era de 270.000 detenidos, 23.000 de ellos mujeres, hacinados en casi 500 establecimientos penitenciarios y prisiones habilitadas, sometidos a castigos humillantes y a unas duras condiciones de vida, sin apenas atención sanitaria. Miles de reclusos fallecieron en las cárceles. Como Miguel Hernández, que pasó por una docena de prisiones «comiendo pan y cuchillo» hasta que en 1942 la tuberculosis acabó con su vida en el Reformatorio de Adultos de Alicante.

El sistema represivo franquista, sostenido por el Ejército y bendecido por la Iglesia católica, era una maquinaria totalitaria que demostraba que el propósito del dictador durante la guerra no había sido la ocupación del territorio y la toma del poder sino una profunda transformación de la sociedad. Hacer tabla rasa del pasado, extirpar de raíz la experiencia de los años anteriores al conflicto bélico. El estado de guerra proclamado por los militares rebeldes en julio de 1936 no se derogó al terminar la contienda, como cabría esperar, sino que se mantuvo vigente en toda España hasta abril de 1948. Casi doce años de justicia militar arbitraria, de consejos de guerra sumarísimos y de violencia represiva. Los historiadores calculan que en la década posterior al final de la guerra fueron ejecutadas cerca de 50.000 personas, casi todas en los primeros años. Penas de muerte y largas condenas de cárcel, como los 23 años que el poeta Marcos Ana pasó en prisión, «un patio donde giran / los hombres sin descanso».

Además de los consejos de guerra, el entramado legal de la dictadura persiguió a los vencidos con los más de 200.000 expedientes abiertos por la Ley de Responsabilidades Políticas, aprobada en febrero de 1939, que reclamaba los bienes incluso de aquellos que ya habían sido castigados con la muerte. Al año siguiente se aprobó la Ley de Represión de la Masonería y el Comunismo, que llegó a expedientar a 80.000 personas, y la fiscalía del Tribunal Supremo abrió los trabajos de la famosa «Causa General de la Revolución Marxista». En 1941 el Gobierno de Franco publicó la Ley de Seguridad del Estado, dos años más tarde la Ley de Rebelión Militar y en 1947 la Ley de Represión del Bandidaje y el Terrorismo, que endureció las penas contra los grupos de guerrilleros antifranquistas que aún luchaban en las sierras. Los que no pudieron huir fueron abatidos en el monte, asesinados por la «ley de fugas» o ejecutados delante de un paredón.

La represión fue especialmente meticulosa con los empleados públicos que no pudieran demostrar su adhesión al Movimiento Nacional. Hubo casi 300.000 expedientes de depuración, con una saña especial hacia los maestros acusados de predicar ideas «disolventes». Una purga necesaria para construir la nueva escuela nacionalcatólica. A las inhabilitaciones y sanciones temporales se sumaron los despidos masivos, confiscaciones, expropiaciones y destierros. Los vencidos que regresaron a sus casas siguieron sometidos al examen de las juntas y delegaciones de Libertad Vigilada, al control social de los poderes de cada localidad, el alcalde, el jefe de Falange, el párroco y la Guardia Civil. Siguieron marcados por el estigma de la derrota. Su huella indeleble aparecía en cada solicitud de un aval o un certificado de conducta, en cada petición de un permiso o una licencia, en los registros de antecedentes penales, las denuncias locales, las multas municipales o las sanciones de la Fiscalía de Tasas que castigaban el tráfico menudo de la subsistencia.

La vida cotidiana de la posguerra estuvo marcada por la cultura del miedo y del silencio. Y también por la escasez, la carestía y el hambre. Para la mayoría de la población los días se medían en céntimos, en gramos y en cupones. Los de las cartillas de racionamiento, implantadas en mayo de 1939, unos días antes del desfile de la Victoria, y vigentes hasta 1952. Hasta ese año no se recuperó, y solo en parte, el nivel de renta familiar que existía en España antes de la guerra. La culpa no era de la «pertinaz» sequía ni de las destrucciones de los «rojos», como repetía la propaganda franquista. Los países europeos asolados por la segunda guerra mundial reconstruyeron sus economías nacionales en cuatro o cinco años. España tardó casi quince. Una consecuencia de la política económica autárquica impulsada por Franco, un disparate absurdo que se convirtió en una hambruna catastrófica. Apareció el mercado negro y con él los grandes estraperlistas que se aprovecharon de la especulación y de la corrupción generalizada para enriquecerse a manos llenas. Y también la miseria que acosó a millones de españoles, empeñados en la lucha diaria por la subsistencia. El régimen de Franco se mantuvo en el poder mucho más allá del tiempo de los dictadores en el que había nacido. Su extraordinaria duración no se explica solo a través de la represión y la violencia. El franquismo gozó también de un apoyo social considerable, de un consentimiento que no puede ser ocultado. Y la actitud de los españoles hacia la dictadura no puede reducirse a una simple división de «afectos» y «desafectos». Las experiencias de los ciudadanos fueron mucho más complejas. En ocasiones incluso contradictorias. La aceptación social podía coexistir con el miedo familiar, la adhesión pública con el malestar privado, la ideología con la impostura, el oportunismo político con el deseo de la gente corriente de sobrevivir.

El recuerdo permanente de la guerra se convirtió en un factor de legitimidad para el franquismo. A un lado quedaba el dolor del pasado, el temor, la inseguridad y la desconfianza. Al otro, la esperanza de vivir en paz, aunque fuera una paz miserable basada en la privación, el silencio y la exclusión. Bajar la cabeza, no meterse en problemas, no hablar de política, no significarse. La resignación, la aceptación pasiva, la vida «normal». El presente como algo dado, el futuro como una cuestión privada. Lo expresaba muy bien un personaje de *La larga marcha*, la novela de Rafael Chirbes: «Vivir a cambio de dejar de ser uno mismo: ese era el trato que los supervivientes habían hecho con el vencedor, pero no solo él, sino la mitad del país. O sea, que vivir se había convertido solo en una apariencia».

Comentarios bibliográficos

Este libro pretende ser una síntesis divulgativa de la historia de la guerra civil española. Y también una introducción a otros libros, a otras lecturas. La selección no es fácil. No hay otro acontecimiento en la historia de España tan apasionado y conflictivo, no hay otro tema que haya generado una bibliografía tan abundante, con miles de títulos publicados. Pero quizá es posible destacar un pequeño conjunto de libros, de entre los editados en los últimos años, que pueden servir como referencias básicas para un lector no especializado.

Quien busque una buena presentación de las cuestiones fundamentales de la contienda civil española en pocas páginas puede hacerlo en los libros de Helen Graham, *Breve historia de la guerra civil*, Madrid, Espasa Calpe, 2006; Julián Casanova, *España partida en dos. Breve historia de la guerra civil española*, Barcelona, Crítica, 2012, y Enrique Moradiellos, *1936. Los mitos de la guerra civil*, Barcelona, Península, 2004. Mayor profundidad y extensión tienen las síntesis del conflicto bélico escritas por el propio Julián Casanova, *República y guerra civil*, Barcelona, Crítica/Marcial Pons, 2007; Paul Preston, *La guerra civil española*, Debate, Barcelona, 2006, y Antony Beevor, *La guerra civil española*, Barcelona, Crítica, 2005. Entre las obras colectivas se puede destacar la que presenta Santos Juliá (coord.), *República y guerra en España (1931-1939)*, Madrid, Espasa Calpe, 2006, o la más reciente de Ángel Viñas (ed.), *En el combate por la historia. La República, la guerra civil, el franquismo*, Barcelona, Pasado&Presente, 2012.

Para conocer el origen de la guerra civil una buena referencia es el conjunto de trabajos de Ángel Viñas, Fernando Puell de la Villa, Julio Aróstegui, Eduardo González Calleja, Hilari Raguer, Xosé M. Núñez Seixas, Fernando Hernández Sánchez, José Luis Ledesma y Francisco Sánchez Pérez (coord.), *Los mitos del 18 de julio*, Barcelona, Crítica, 2013. También el estudio sólido y sugerente de Rafael Cruz, *En el nombre del pueblo. República, rebelión y guerra en la España de 1936*, Madrid, Siglo XXI, 2006.

La historia militar está bien contada en los libros de Gabriel Cardona, en especial en su *Historia militar de una guerra civil. Estrategia y tácticas de la guerra de España*, Barcelona, Flor del Viento, Barcelona, 2006. Y también en las obras de Jorge M. Reverte, entre las que cabe destacar *El arte de matar. Cómo se hizo la guerra civil española*, Barcelona, RBA, 2009. El complejo y polémico fenómeno de la violencia política se puede seguir a partir de análisis como los de Gutmaro Gómez Bravo y Jorge Marco, *La obra del miedo. Violencia y sociedad en la España franquista (1936-1950)*, Barcelona, Península, 2011; Javier Rodrigo, *Hasta la raíz. Violencia durante la guerra civil y la dictadura franquista*, Madrid, Alianza, 2008; Francisco Espinosa Maestre (ed.), *Violencia roja y azul. España, 1936-1950*, Barcelona, Crítica, 2010, y Paul Preston, *El holocausto español. Odio y exterminio en la guerra civil y después*, Barcelona, Debate, 2011.

La dimensión internacional de la guerra civil ha sido investigada durante muchos años por historiadores como Ángel Viñas, que ha presentado una síntesis de sus trabajos en *La República en guerra. Contra Franco, Hitler, Mussolini y la hostilidad británica*, Barcelona, Crítica, 2012, o Enrique Moradiellos, con libros recomendables como *La guerra de España (1936-1939)*, Barcelona, RBA, 2012. Este último historiador es también el autor de la biografía de uno de los personajes clave del conflicto civil, *Don Juan Negrín*, Barcelona, Península, 2006, bien estudiado también por Ricardo Miralles, *Juan Negrín. La República en guerra*, Madrid, Temas de Hoy, 2003. Otras biografías fundamentales son las que han escrito Paul Preston, *Franco. «Caudillo de España»*, Barcelona, Grijalbo, 1994; José Andrés Rojo, *Vicente Rojo. Retrato de un general republicano*, Barcelona, Tusquets, 2006; Santos Juliá, *Vida y tiempo de Manuel Azaña. 1880-1940*, Madrid, Taurus, 2008, y Julio Aróstegui, *Largo Caballero. El tesón y la quimera*, Barcelona, Debate, 2013.

Por último, entre la infinidad de relatos y memorias sobre la contienda civil podemos recomendar, por su valor histórico y literario, la lectura de obras como las Manuel Azaña, *Diarios completos: monarquía, república, guerra civil*, Barcelona, Crítica, 2000; Julián Zugazagoitia, *Guerra y vicisitudes de los españoles*, Barcelona, Tusquets, 2001, y Dionisio Ridruejo, *Casi unas memorias*, Barcelona, Península, 2012. Y los testimonios orales que recogió Ronald Fraser en su obra clásica, *Recuérdalo tú y recuérdalo a otros. Historia oral de la guerra civil española*, Barcelona, Crítica, 2001 (1.ª ed. 1979).

Índice onomástico